Neco Martins

Biblioteca de cordel

Neco Martins

Introdução e seleção
Gilmar de Carvalho

hedra

São Paulo 2004

Capa
Júlio Dui

Projeto gráfico e editoração
Fabiana Pinheiro

Revisão
Helder Ferreira

Direção da coleção
Joseph Maria Luyten

Xilogravura da capa
Nilo

Dados Internacionais de Catalogação na Publicação (CIP)
(Câmara Brasileira do Livro, SP, Brasil)

Neco Martins, 1865-1940.
Neco Martins / introdução e seleção Gilmar de Carvalho
— São Paulo: Hedra, 2002. — (Biblioteca de cordel)

Bibliografia.
ISBN 85-87328-75-1
1. Literatura de cordel - Brasil 2. Literatura de cordel — Brasil — História e crítica

---

Índices para catálogo sistemático:
1. Brasil: Cordelistas: Biografia e obra: Literatura folclórica 398.20981
2. Brasil: Literatura de cordel: História e crítica: Folclore 398.20981

[2004]

EDITORA HEDRA
rua fradique coutinho, 1139 - subsolo
05416-011 São Paulo - SP - Brasil
telefone/fax: (011) 3097 8304
editora@hedra.com.br
www.hedra.com.br

Foi feito o depósito legal.

Biblioteca de cordel

A literatura popular em verso passou por diversas fases de incompreensão e vicissitudes no passado. Ao contrário de outros países, como o México e a Argentina, onde esse tipo de produção literária é normalmente aceita e incluída nos estudos oficiais de literatura — por isso poemas como "La cucaracha" são cantados no mundo inteiro e o herói do cordel argentino, Martín Fierro, se tornou símbolo da nacionalidade platina —, as vertentes brasileiras passaram por um longo período de desconhecimento e desprezo, devido a problemas históricos locais, como a introdução tardia da imprensa no Brasil (o último país das Américas a dispor de uma imprensa), e a excessiva imitação de modelos estrangeiros pela intelectualidade.

Apesar da maciça bibliografia crítica e da vasta produção de folhetos (mais de 30 mil folhetos de 2 mil autores classificados), a literatura de cordel — cujo início remonta ao fim do século XIX — continua ainda em boa parte desconhecida do grande público, principalmente por causa da distribuição efêmera dos folhetos. E é por isso que a Editora Hedra se propôs a selecionar cinqüenta estudiosos do Brasil e do exterior que, por sua vez, escolheram cinqüenta poetas populares de destaque e prepararam um estudo introdutório para cada um, seguido por uma antologia dos poemas mais representativos.

Embora a imensa maioria dos autores seja de origem nordestina, não serão esquecidos outros pólos produtores de poesia popular, como a região sul-riograndense e a antiga capitania de São Vicente, que hoje abrange o interior de São Paulo, Norte do Paraná, Mato Grosso, Mato Grosso do Sul, parte de Minas Gerais e Goiás. Em todos esses lugares há poetas populares que continuam a divulgar os valores de seu povo. E isso sem nos esquecermos do Novo Cordel, aquele feito pelos migrantes nordestinos que se radicaram nas grandes cidades como Rio de Janeiro e São Paulo. Tudo isso resultará em um vasto panorama que nos permitirá avaliar a grandeza da contribuição poética popular.

Acreditamos, assim, colaborar para tornar mais bem conhecidos, no Brasil e afora, alguns dos mais relevantes e autênticos representantes da cultura brasileira.

Dr. Joseph M. Luyten

Doutor pela USP em Ciências da Comunicação, ex-professor visitante da Universidade de Tsukuba (Japão) e da Universidade de Poitiers (França), onde ajudou a organizar o Centro Raymond Cantel de Literatura Popular Brasileira. Autor de diversos livros e dezenas de artigos especializados sobre literatura de cordel, possui mais de 15 mil folhetos e coletou acima de 5 mil itens bibliográficos sobre literatura de cordel em âmbito mundial. Atualmente leciona Folkmídia, em nível de pós-graduação, na Universidade Metodista de São Paulo (UMESP) e na Unisantos.

Sumário

Neco Martins

"Deus é rei dos violeiros/ Quando canta o seu amô
Nas corda santa da lua/ Que é a viola do Sinhô"
(Catulo da Paixão Cearense)

Doze de dezembro de 1865, terça-feira, José Martins de Oliveira alinhou seis pedras de sal sobre a tábua, que colocaria, boca da noite, sobre o peitoril da janela de sua fazenda, em Sítios Novos, Soure (hoje Caucaia). A mulher, Francisca, começava a sentir as dores do parto. A experiência de Santa Luzia iria prever se o próximo ano seria chuvoso.

Virgem e mártir, Luzia teve os olhos arrancados, no século IV, (nas imagens, ela os exibe sobre uma bandeja) sendo a protetora da visão, pelo martírio ou pela luz do seu nome.

O menino Manoel Martins de Oliveira nasceu no último dia da novena, marcado pela polifonia das rezas, o cantochão dos benditos e a chama das velas votivas, ainda sob os ecos da festa de Nossa Senhora da Conceição, padroeira de Sítios Novos.

O jornal *O Cearense* desse dia estampava a chegada das fragatas de guerra norte-americanas, *Vanderbilt* e *Monaduoch*, que poderiam ser visitadas.

Na manhã do dia treze, o fazendeiro José Martins constataria, pelas pedras de sal derretidas pelo sereno da noite, que 1866 seria chuvoso, mantendo o longo período (1846 a 1876) de um Ceará sem secas, no século XIX.

O exemplar do jornal *A Constituição*, alardeava o crescimento da produção de algodão, pedia mais armazéns para a comercialização do produto, e a redução dos impostos. O sistema métrico decimal seria implantado em janeiro de 1866.

O movimento abolicionista dava sinais de articulação. Em anúncio publicado em 11 de fevereiro em *O Cearense*, Albano e Irmão "declarão aos seus freguezes do interior da província que não se encarregarão de venda nem embarque de escravos".

Juvenal Galeno publicava *Lendas e canções populares*, poesia fundada na tradição popular. Sugestão de Gonçalves Dias, que estivera no Ceará, em 1859, integrando uma Comissão Científica.

No plano nacional, a Guerra do Paraguai gerava seus heróis cearenses: Tibúrcio, da batalha do Riachuelo; Sampaio, do Tuyuti, e a donzela guerreira, Jovita Feitosa, que não chegou a ir para o *front*.

A casa dos Sítios Novos se revezava na atenção à sinhá e ao infante. As *galinhas do resguardo* cacarejavam no poleiro e seriam servidas à mulher parida. A garapa de cana ou a rapadura raspada asseguraria a fartura do leite materno.

O enxoval, guardado no baú de couro, recendia a alfazema. Um bordado delicado sobre a cambraia, como na roupa para o batizado.

José Martins, fazendeiro e pecuarista de ascendência portuguesa, era um homem de posses. A família que constituíra era pequena para os padrões da época: Manoel, que viria a ser o *coronel* Neco; João, que foi coronel da Guarda Nacional, briguento e muito ligado ao irmão; Hermínia, que se casaria com Antonio Batista de Sousa; e Francisca, que se uniria a Domingos, dos Brasileiro (descendente dos Abreu Tranca, de Portugal), que vieram da Paraíba para Sítios Novos e se espalharam pela região.

Apesar de alguns autores (como Átila de Almeida) declararem que Manoel nascera em Fortaleza, ele veio ao mundo na fazenda. Não era costume da época procurar assistência médica, nesses casos, e a parteira era legitimada pelo saber tradicional.

Os Martins não tinham casa na capital, é o que dizem os que guardaram essas histórias, como se tivessem esperado a vida inteira para contá-las.

Quem colocasse um búzio junto ao ouvido na fazenda, poderia ouvir o mar a quebrar, nas praias paradisíacas. Sol de litoral, claridade intensa, onde a vegetação começa a fazer a transição para o sertão (ninguém sabe onde começa ou termina o sertão).

O boqueirão de Araras, pórtico de pedra, dá acesso ao oeste do Ceará. Ao longe, o contorno azulado das serras de Maranguape e Aratanha, onde, durante muito tempo, se acreditou que existisse prata.

Hoje, o carro segue pela BR-222, esburacada e com tráfego pesado. As placas indicam Sítios Novos, subúrbio de Fortaleza, à qual está ligado pela Viação Vitória.

Sítios Novos vive da fabricação de telhas e tijolos. Uma visita ao povoado passa pela capela, mercearias, forró, posto de saúde, escola. A sensação de que o tempo parou, em um domingo interminável como os trilhos do trem que corta o distrito.

Ainda é possível encontrar pessoas velhas, que conheceram o coronel, e cadernos com anotações de suas cantorias. Outros repetem o que ouviram contar / cantar e rememoram fatos imprecisos. A biografia de Neco Martins é o desafio de armar o quebra-cabeças, compor o mosaico, ou costurar os retalhos do *patchwork* de uma vida inteira.

A fazenda, hoje chamada Alvorada, não pertence mais à família. É uma referência nostálgica (um retrato na parede), no limite com o município de Pentecoste.

Um grande açude foi construído para assegurar o abastecimento da siderúrgica e refinaria que prometem se instalar no porto do Pecém, em São Gonçalo do Amarante, cidade que o coronel Neco fundou, quando lá chegou, a 17 de janeiro de 1891, já casado com a professora Filomena Brígido Pinto.

Anotações feitas, impressões registradas, hora de iniciar este relato biográfico, evangelho laico e romance de cavalaria apócrifo, do coronel Neco Martins, que fez fama pela valentia e pelo toque da viola, na peleja interminável que travou consigo mesmo e com todos aqueles que o enfrentaram no repente.

A chegada de Neco ao sítio, que hoje constitui São Gonçalo, pode-se inscrever como a necessidade de ampliação de espaços, a intrepidez e a determinação, que contribuem para o estereótipo da *cearensidade*.

O Siará Grande, vasto areal entre Pernambuco e o Maranhão, não despertara a cobiça do primeiro donatário da capitania, Antonio Cardoso de Barros, que sequer visitou o quinhão que ganhara da Coroa portuguesa.

Em 1680, é possível comprovar pelo registro das sesmarias, as terras do Siupé, pertencentes a Filipe Coelho, começavam a ser ocupadas. A construção da Igreja de Nossa Senhora da Soledade, entre 1730 e 1737, marca a migração portuguesa e, em volta do templo, se constituía o aldeamento.

A chegada de Neco, às margens da lagoa da Prejubaca, atraído pelos ventos favoráveis do lugar, lhe dá o caráter de fundador.

Enquanto Neco, voz afinada da narrativa oral, chegava às suas terras, Álvaro Martins, nascido no Trairi, em 1868, da Padaria Espiritual (1892), e do Centro Literário (1894), escrevia o poema *Os pescadores da Taíba*, publicado em 1895, inserindo essa praia (hoje município de São Gonçalo) na história literária cearense.

Diz a Igreja que Gonçalo, da nobre família dos Pereira, nasceu em Arriconha, freguesia de Tagilde, perto de Guimarães, no início do século XIII.

Destinado à vida eclesiástica, iniciou-se no convento beneditino do Pombeiro, foi para Braga, onde se ordenou presbítero e foi nomeado abade de São Paio da Riba Vizela, junto à sua cidade natal.

Peregrinou a Roma e Jerusalém e, na volta, fez prédicas e milagres nas terras de Entre-Douro-e-Minho e professou no convento dominicano de Guimarães. É quando se instala em Amarante e edifica a Capela Real de Nossa Senhora da Assunção, num rochedo suspenso sobre o Tâmega. A ele é atribuída a construção de uma ponte sobre esse mesmo rio. Foi protetor dos humildes e dos enfermos. Os milagres que praticou atraíram peregrinos, a vila se repovoou e ele passou a ser considerado seu segundo fundador. Morreu, aproximadamente, em 1262.

Segundo a tradição popular portuguesa, seu culto seria marcado pelo erotismo e as mulheres que desejam ter filhos tocam o bastão de sua imagem, dão a volta ao mausoléu e depositam, como ex-votos, seios e pernas de cera em tamanho natural.

No Brasil, diz a lenda, contada pelo povo, que Gonçalo era um jovem nobre, a quem Deus chamou para seu serviço e que passou a tocar viola, para converter as prostitutas e, quanto mais ele tocava, mais elas dançavam. Como ele era muito bonito, elas se fascinavam por aquele violeiro e não paravam de dançar, até que se convertiam à religião.

Joaquim Pedro (1916-2001), alagoano de Ouro Branco, mestre rabequeiro da dança de São Gonçalo da ladeira do Horto, em Juazeiro do Norte, dizia: "não é dança, é penitência". Formam-se fileiras de seis homens e seis mulheres, descalços, vestidos de branco, e, à frente, alguém toca a viola ou rabeca, diante do altar do santo.

Muitos consideram-na uma manifestação do folclore, outros, um ritual que une sagrado e profano.

Não foi à toa que Neco Martins, violeiro, de bem com a vida, se esquecendo do tempo em intermináveis pelejas, ajudou a construir, auxiliado por Procópio Alcântara, a vila de São Gonçalo, representado, tanto por um trovador medieval, de cabelos longos, chapéu, capa, botas, de viola na mão (na tradição popular brasileira), quanto por um dominicano (ordem fundada em 1215), na versão oficial, com cajado de peregrino e tendo sob seus pés a ponte que construíra.

Ponte como ligação dos homens com Deus, passagem do pecado para a salvação. Indício da formação enciclopédica de um período em que a técnica se fundia com a filosofia, a teologia, as artes e a retórica, em uma erudição a toda prova.

Essa dualidade de representações iconográficas do santo — o povo insistindo na viola, a Igreja querendo um dos seus —, fez com que o templo da vila do coração de Neco tivesse uma imagem da representação oficial, que foi tratada, por muitos, como um equívoco de quem a trouxera (o *vulto*, no dito popular, não se compra, se *troca*).

Mais recentemente, a igreja ganhou seu santo violeiro, para alegria de todos e em homenagem a Neco, violeiro como ele (ou por causa dele).

Se é *a aldeia que faz seu santo*, o coronel queria que a povoação tivesse São Gonçalo como seu padroeiro. E assim se deu.

Neco, fazendeiro, homem poderoso, fez fortuna no tempo do algodão, quando o Ceará conheceu algum fausto. Em 1809, iniciou-se a ligação marítima Fortaleza-Londres, com todas as dificuldades decorrentes dos empecilhos para as embarcações atracarem.

O algodão ganhou importância no mercado internacional com a guerra civil norte-americana e a busca da Europa por alternativas. O Ceará foi uma delas e sua produção dera um salto a partir de 1865. Desde a Colônia o algodão nativo era usado pelos índios para tecer suas redes de dormir, ou como moeda de troca, os nimbós (novelos de fios).

Essa matéria-prima foi decisiva para a urbanização de Fortaleza, o esvaziamento das vilas até então mais importantes (Aracati, Icó) e a formação das elites da capital.

Neco comprava a safra de algodão da região e, depois de beneficiá-la na usina de Procópio Alcântara e do Major Adelino, preparava os fardos para exportação.

A industrialização do Ceará começou com a tecelagem e fiação, na fábrica dos Pompeu e Nogueira Acioly, em 1883. Na segunda metade do século XX, uma praga do *bicudo* dizimou a cultura de algodão do Estado, provocando a crise da indústria têxtil e a perda com o que se deixava de vender para o mercado exterior.

Neco também envolveu-se na extração, refino e comercialização da cera de carnaúba, extraída das folhas, cortadas e murchas, batidas para que saísse o pó, levadas ao fogo para derreter e se coagular a frio, com a cor amarelo-claro, como escreveu Cascudo.

Ainda hoje o acesso a São Gonçalo pela Rota do Sol Poente (ou Rodovia Estruturante), a cerca de 60 km de Fortaleza, é pontilhado por essa palmeira de tronco escamado (*Copernicia cerifera*, segundo Von Martius). O rio Anil vem de Canindé, passa por Sítios Novos e se lança ao rio São Gonçalo, antes de desembocar no Atlântico.

O armazém de Neco abastecia o embrião da vila e a população dos sítios e fazendas, como um entreposto dos bens de consumo.

Herói civilizador, era proprietário de toda a área onde hoje se situa a cidade. Quem quisesse se estabelecer, tinha de lhe pedir autorização e ele não vendia terras, permitia sua ocupação, cobrando apenas lealdade.

Respaldado por sua condição favorável, Neco passou a ser uma liderança forte na região e quis sua parcela do poder, então concentrado de modo autoritário nas mãos da família Correia que, a partir de Soure, dominava grande parte do litoral oeste.

Num episódio até hoje nebuloso, depois de ser chamado de ladrão, jurado de morte e ter a mulher ameaçada de arrancar mata-pasto nas ruas de Soure, Neco teria morto, dia 4 de maio de 1914, o coronel e deputado Antonio José Correia (nascido em 1839), numa emboscada junto às pontes, a meio caminho entre a capital e seu *feudo*. O coronel voltava de Fortaleza, acompanhado pelo neto Arlindo Correia e, alvejado a tiros, tombou morto. Intriga política com desfecho trágico. Clima político tenso.

Franco Rabelo, que sucedera ao *babaquara* Acioli, deposto por um movimento das camadas médias da capital, em 1912, fora também derrubado, a 24 de março de 1914.

Tentaram dar uma dimensão maior à emboscada envolvendo os rabelistas, que não aceitaram a adesão do oligarca, e a Assembléia do Juazeiro (do Padre Cícero), na qual Correia tomara assento, voltando a Soure, vitorioso, quando da queda de Rabelo. O móvel do crime parece ter sido, no entanto, a disputa pelo poder local.

Diz a tradição que colocaram uma moeda na boca do defunto. Na mitologia, o pagamento ao barqueiro Caronte, que transportava os mortos para o Hades. A finalidade, aqui, seria deixar o criminoso e seu bando areados.

A morte do Coronel Correia desencadeou uma perseguição desenfreada aos seus adversários. A emboscada dificultava a identificação dos pistoleiros, Arlindo correu com medo de volta a Fortaleza e, apesar dos comentários de que teriam sido artes de Neco, com a cumplicidade do irmão e lugar-tenente, João, faltavam provas para incriminá-los.

João Brígido, opositor de Acioli e aliado de Rabelo, com quem depois romperia, escreveu a 10 de junho, no *Unitário*, que "os déspotas do rabelismo mataram, há menos de um mês, no caminho de Soure (dois quilômetros da capital) o setuagenário coronel Antonio José Correia". Rodolpho Teóphilo, defensor de Franco Rabelo, em *A sedição de Juazeiro* (primeira edição de 1922) assegurou: "o assassino ou os assassinos do Coronel Correia não foram descobertos".

Mesmo assim, Neco esteve escondido, durante uns quatro anos, nas matas e locas de pedra. Os Correia trouxeram bandos de jagunços para atemorizar a população de São Gonçalo. As vinditas entre as famílias Monte e Feitosa, nos Inhamuns (CE), ou Alencar e Sampaio, em Exu (PE), foram exemplos da permanência dessas disputas.

Dona Filomena e os filhos foram trazidos para Fortaleza, pelo Presidente da Província, como forma de assegurar a integridade física da família.

Feito bicho do mato, Neco dormia nas casas de compadres, parentes e aderentes e criava-se um escudo invisível para sua proteção. Dizem que utilizava palha de carnaúba, amarrada à montaria, para varrer o local por onde passava e apagar os rastros. Ou que vestia a roupa às avessas para se tornar invisível aos inimigos. Talvez recorresse à reza forte. Quatro anos depois, ele se apresentou à justiça, em Soure, e pôde voltar a São Gonçalo.

Foi dada a denominação de rua Coronel Correia à antiga BR-222 que, na década de 1980, desviada, aliviou o trânsito pesado do centro da cidade.

A luta pelo poder passava (às vezes, ainda passa) pelo sangue e as oligarquias continuaram fortes durante a República Velha, e mesmo após o movimento de outubro de 1930, que pretendia implantar novas práticas.

Durante a Revolução dos Tenentes, ele juntou seus aliados e rumou para a capital, para apoiar o Presidente do

Estado. Tarde demais. Matos Peixoto fugira para o Rio de Janeiro, dia 8 de outubro, a bordo do paquete Afonso Pena. O interventor Fernandes Távora mandou chamar Neco, que reiterou seu apoio ao líder deposto. Não foi preso, mas ganhou a cidade como *ménage* ou *merdagem*, como ele disse, enfezado, quando soube que não estaria livre para voltar a São Gonçalo.

A permanência do modelo oligárquico gerou os chamados *currais eleitorais*. Neco era *dono* de grande parte dos votos de *cabresto* de sua região, tendo sido uma *eminência parda* da política do município. Liderança dividida com os Alcântara, aparentados e adversários políticos, ligados a Menezes Pimentel, governador e depois interventor do Estado (1935-1945).

Quando da redemocratização, em 1945, os Martins se filiaram à UDN (União Democrática Nacional, mesmo partido dos Correia), elegendo José Eretides, filho de Neco, deputado estadual, a 19 de janeiro de 1947, com 3137 votos. Os Alcântara, ligados ao PSD (Partido Social Democrata), tinham no Dr. Waldemar, eleito com 5375 votos, uma liderança emergente.

No Ceará, no final do século XX, o desmonte do clientelismo era bandeira do empresário Tasso Jereissati, eleito governador do Estado, em 1986, em oposição aos coronéis (Virgílio Távora, César Cals e Adauto Bezerra).

O homem alto, magro, calado, de pouco riso, que falava de *sopapo* (aos jorros) usava chapéu de massa e camisa de mangas compridas de *pano passado*, perdia a conta do número dos afilhados. Teve vários filhos fora do casamento, os *apanhados*, que, mesmo não reconhecidos, se orgulhavam (muito) de terem um pai todo poderoso.

O exercício do poder passava pelo estabelecimento de relações de compadrio, reforço do mandonismo. Não era diferente com Neco.

Implacável com os adversários, passava o dedo em volta do olho, para sinalizar desaprovação, que podia valer como sentença de morte. Olho que lacrimejava, quando tinha ódio. Era compassivo com os que dependiam dele, relações marcadas pela admiração, respeito e medo.

De acordo com os depoimentos, não era homem de ter bando de jagunços, ainda que não descuidasse de sua segurança pessoal, e nada o impedia de recrutar parentes, amigos e aliados, quando necessário.

São Gonçalo era terra de Neco Martins.

A fase da clandestinidade deve ter sido difícil para a família, principalmente para dona Filomena, mulher letrada, procedente de Cascavel (litoral leste do Ceará), tratada por *professora*, forma irônica de ressaltar seus conhecimentos e deixar claro que Neco estudara pouco, apesar de fazer versos, e que não era o *marido da professora*, expressão usada para depreciar o homem cuja mulher trabalhava.

Com a bonança, o coronel pôde usufruir de seu prestígio e de sua fortuna.

Dona Filomena não era uma mulher bonita, levando-se em conta os velhos álbuns de família. Viveram em harmonia, como os casais daquele tempo, de uniões indissolúveis, e de mulher submissa, ainda que, como professora, antecipasse conquistas e, durante mais de trinta anos, tenha alfabetizado a população do lugarejo.

Tiveram sete filhos: José Eretides, fazendeiro e político que cuidava dos negócios do pai; José Demóstenes, bacharel em direito, casado (por pouco tempo) com uma filha de Menezes Pimentel e Oficial de Registro de Imóveis da 1ª zona de Fortaleza; José Martins, fiscal do consumo; Lourdes, professora; Ester, também professora, com fama de ser autoritária como o pai, casada com José Brasileiro (que depois mudou o nome de família para Riomar); Mariinha, esposa de Saul Gomes e José Aristocles, o Tote.

Dona Filomena detestava cantoria. E Neco foi um dos grandes repentistas de seu tempo, dos mais afamados. Era por onde dava vazão à possibilidade de deixar de ser o senhor, para se igualar ao rival, na luta pelas palavras. Era lazer, liberdade e catarse.

A mulher pedia que ele largasse o repente, que a incomodava mais que as traições e que não se misturasse com a gentalha. Seu viés elitista de professora, defensora da norma culta e dos bons costumes, não devia suportar ver o marido, viola em punho, noites inteiras desafiando a gente do povo, em um desrespeito à sua condição social.

O improviso era o repouso do guerreiro. Neco largava seu rifle e se armava da viola, aparentemente inofensiva, mas cáustica, quando argumentava, acuava o adversário e atacava impiedosa.

A bebida era liberada, para maior desespero de sua mulher, e, muitas vezes, a cantoria era entremeada pelo jogo. Aliás, a cantoria era um jogo, onde o prazer da vitória era fugaz e a derrota, motivo para apupos, gargalhadas e vaias.

O repente é o que vale a pena recuperar da trajetória deste homem, cuja voz venceu o tempo e o esquecimento, se presentificou na memória dos que o ouviram e no que se fixou na escrita de seus desafios, marcos e cantigas.

Na cantoria, a voz ecoa a tradição. O repertório pode incorporar novos motes, mas a forma é ancestral.

Poesia que se perfaz na voz, cabendo à fala enunciar o mundo. Atualização dos relatos míticos, que explicavam a gênese de tudo e compunham uma cosmogonia. Tradição que marcou a vida de todos os povos e herança do canto, como ato seminal.

Cantar como cantaram os aedos, e Homero pode ter sido um, ou vários, no jogo de espelhos e de ressonâncias em que a voz se desdobra, se amplia e se difunde. O canto das sereias era acompanhado por violas e as cordas de arame faziam os dedos sangrar.

Canto que chegou à Europa medieval, com seus trovadores, jograis e menestréis — não que a Idade Média se transplantasse para o sertão —, mas dizer que constitui um legado.

As mil e uma noites sertanejas são um ponteio sem fim, e Neco é uma voz que tece essa trama e nos enreda.

A circularidade da cultura passa pelos mitos indígenas, os orikis africanos e as xácaras, romances e parlendas dos portugueses. O desafio é compreender o sincretismo e a adaptação de tudo isso às condições locais.

Caucaia (mato queimado), rebatizada de Soure, foi um dos principais aldeamentos indígenas do Ceará. Ali os jesuítas catequizavam e ensinavam ofícios, até serem expulsos pelo Marquês de Pombal, em 1759. Sítios Novos era território dos primeiros donos da terra.

A valentia de Neco Martins tinha traços de Jesuíno Brilhante e Antonio Silvino, *rebeldes primitivos*, que anteciparam Lampião. Valentia ligada a Carlos Magno e seus doze pares de França, jagunços sertanejos, perdidos no areal da costa cearense, ou à cantiga do Vilela, depois fixada pela literatura de folhetos.

Para o senso comum, os violeiros tinham como livros de consulta a *Bíblia*, dicionários, compêndios de geografia e história, o *Lunário Perpétuo* e os almanaques. Assim, eles se preparavam para cantar peixes, frutas, feras, insetos, aves e pássaros (como Neco em seu *Marco da Divisão*), ou para enumerar acidentes geográficos, descrever episódios ou personagens históricos. Assim ganhavam tempo, com os refrões, enquanto armavam o bote e alguns, menos talentosos, inseriam os *balaios*, versos feitos de antemão, como estratégia para ludibriar a platéia e o contendor.

Neco Martins é uma referência da voz, legitimada pela palavra impressa.

Folcloristas do final do século XIX, como Rodrigues de Carvalho, incluíram-no em seus estudos. No *Cancioneiro do Norte*, publicado em 1903, ele é citado como *o cantador de Paracuru*, então sede do município de São Gonçalo.

Leonardo Mota em *Cantadores* (1921), transcreveu fragmentos de seu desafio com Xica Barrosa e do *Marco da Divisão*. Câmara Cascudo se referiu a ele em *Vaqueiros e cantadores* (1939), como o rival vitorioso de Barrosa, e transcreveu sextilhas do seu embate com o Cego Francisco Sales.

Neco também é verbete do *Dicionário bio-bibliográfico dos repentistas e poetas de bancada*, de Átila de Almeida e José Alves Sobrinho (1978), que lamentam que Mota, que esteve com os manuscritos do *Marco* em mãos, tenha perdido tempo com obscuros cantadores de feira. E, no *Romanceiro popular do Nordeste — Marcos e vantagens* (1981), transcrevem partes do *Marco da Divisão*.

Também falam de Neco a *Antologia do folclore cearense*, de Florival Serraine (1968), a *Antologia ilustrada dos cantadores*, de Francisco Linhares e Otacílio Batista (1976), o *Dossiê do Fonseca*, de Antonio Carlos Barreto (1991) e o *De repente cantoria*, de Geraldo Amâncio e Wanderley Pereira (1995).

Importante a recolha dos que não contavam com os avanços da tecnologia e copiavam ou taquigrafavam os desafios ou o que a memória coletiva retinha dessas refregas. Muitas estrofes ou fragmentos de impacto, de tão repetidos, eram memorizados e circulavam sertão adentro.

A produção de Neco foi preservada por estes livros, recolhida em cadernos de anotações, registro de apologistas (fãs de cantorias) ou parentes que sabiam estar diante de um material fugaz, que se perderia não fosse a escrita.

O espetáculo nunca seria capturado em sua essência: faltariam a voz, os gestos e a expressão facial dos repentistas. Impossível dissociar a transcrição de interferências dos pesquisadores, preenchendo lacunas, corrigindo ortografia e concordâncias e gerando um texto à margem do original.

O que foi retido diz de sua importância no universo do repente, em uma fase em que os violeiros, nômades, percorriam o sertão, passando a bacia para as gratificações da platéia e fazendo jus ao acertado com o promotor da cantoria.

Neco Martins, fazendeiro bem sucedido, convidava parceiros e os pagava para cantar, não porque fosse medíocre, mas generoso, sabedor das dificuldades dos repentistas, que ficavam com o que tilintasse na bacia.

Muitas vezes, para não aborrecer (ou para se livrar de) dona Filomena, ia visitar suas propriedades e, na fazenda do Siupé, cantava ao som da viola. Foi lá que encontrou

Xica Barrosa, em 1910, uma das pelejas mais importantes que venceu, segundo a voz geral. O álibi para a escapulida foi a venda de umas vacas paridas.

Xica Barrosa ou Francisca Maria da Conceição (segundo Linhares e Batista), cantadora paraibana, "alta, robusta, mulata simpática, bebia e jogava com qualquer boêmio", de acordo com Rodrigues de Carvalho, foi morta em um *samba* (festa da *gentalha*), em Patos (PB), em 1916.

Curiosa a presença feminina na cantoria, ao contrário do mundo do folheto, onde uma das poucas mulheres atuantes, na primeira metade do século XX, Maria das Neves Batista Pimentel (1913-1994), se escondia no pseudônimo de Altino Alagoano.

À margem do que foi registrado, o chiste de Neco, que se disseminou oralmente:

A Barrosa quando mija
Deixa um buraco no chão
É força que vem de cima
É força do camarão.

A idéia de que Neco, irritado, "ajudou-se de uma arma para alvejá-la" e de que "Barrosa não teve outra alternativa senão correr", de acordo com a *Antologia ilustrada*, além de equivocada, invoca a lendária valentia de Neco. Não faria sentido organizar uma cantoria, que lhe dava tanto prazer, para agredir fisicamente o rival, ainda por cima, uma mulher. A transcrição feita por Francisca Eulália Moraes desmente esta versão com versos que falam em diplomacia e os repentistas se despedem de acordo com a cortesia.

O *Marco da Divisão* (com menos lacunas no manuscrito de Francisca Eulália) mostra uma construção, que apenas os grandes conseguiam empreender.

O Desafio de Neco Martins com Francisco Sales, um cego de Itapipoca é marcado pela ironia, de ambos os lados, e seu romance *Noite de núpcias — Amor de Antonio e ingratidão de Carolina*, moralizante, triunfo da honra sobre a morte, é puro folhetim.

Sua *Cantiga* devia ser muito difundida, para constar do *Cancioneiro do Norte*.

A importância da cantoria para Neco, onde se percebe sua inventiva, agilidade e domínio, ressalta a tristeza do abandono desta expressão, que lhe trazia tanto prazer.

Fala-se em promessa feita a dona Filomena (sabe-se lá o porquê), cumprida, à risca, a ponto de a família não saber onde foi parar sua viola. Em uma de suas estrofes, em que faz uma autobiografia, Neco se refere à oposição dos pais à cantoria e ao dinheiro recebido para comprar sabão que foi gasto no jogo.

Além das pelejas, Neco era o homem da festa de São Gonçalo, na capela que construiu, em 1898, e que reformada, nos anos 1950, manteve apenas uma parede da construção original, a sua marca na arqueologia de sua vila.

A festa (móvel) se dava, e continua a se dar, em novembro, apesar do dia dedicado ao beato português ser 10 de janeiro. O povoado, com suas ruas de terra, era decorado com bandeirinhas e a banda de música vinha de Soure. A farra se dava no *samba* de Pedro Gomes, com Mestre Alfredo, na rua de baixo, e De Rancho aproveitava para vender, em sua bodega suja, garapa, que ele mexia no pote, com um chiqueirador.

Do altar, em que estava, por devoção de Neco, São Gonçalo devia se frustrar pelo fato do coronel não empunhar mais a viola em sua homenagem. Dona Filomena nunca entendeu que aquele ponteio era um *magnificat*.

Quando ela morreu de pneumonia, em 6 de junho de 1938, em Fortaleza, na casa da filha Lourdes, ele ficou muito triste.

Dizem que todo final de tarde saía para um passeio pela cidade, segurando um facão de cabo branco. Por volta das cinco horas, devagarzinho, de alpercata de rabicho, ia dar uma olhada no carnaubal. Muitos juravam que o passeio terminava no túmulo de dona Filomena, outros diziam que ele passava, cabisbaixo, pelo cemitério. Assim, ele purgava sua saudade.

Como dizem os sertanejos, ele tinha *aprumo*. Muitos vinham se queixar a ele e seu chamado era uma ordem. Uns juram que ele pacificou São Gonçalo: questão de ponto de vista. O certo é que fundou a cidade e foi um dos seus nomes mais ilustres.

E assim se passou o tempo, lentamente, cíclico, se renovando na plantação, colheita, festas e medo das secas, marcado pelo som da viola que emudecera, para tristeza de São Gonçalo (o santo).

O coronel Neco estava envelhecendo. Um homem bonito, como mostra sua foto oficial, de bigodes brancos, feições finas e um certo ar lusitano, para quem a mestiçagem brasileira teria ficado no jeito com que se relacionava com sua gente.

Seus negócios passaram a ser tocados pelo filho José Eretides, seu braço direito. E já ia longe o tempo em que as notas que emitia eram aceitas como dinheiro, de São Gonçalo ao Ipu, o que demonstrava confiança, apreço e lastro. Agora, São Gonçalo (a cidade) contava cada vez menos com ele. Vivia da nostalgia da fama de valente, do auge dos negócios e das cantorias, mas não perdia seu estilo.

Podia ouvir os desafios, como discos de cera arranhando em sua cabeça e o estribilho: "A negra Xica Barrosa/ É faceira e é dengosa". Pelejava, imaginariamente, com o cego Francisco Sales, que lhe xingava: "Cantador como você/ Na minha terra se chama/ Gafanhoto de jurema/ Borboleta de imburana/ Roubador de tempo alheio/ Empatador de semana".

Reelaborava seu *Marco*, ainda mais inexpugnável, território ao qual só ele teria acesso: cidadela, labirinto e refúgio da memória.

Naquele tempo as pessoas envelheciam mais cedo. Ele já não era nem sombra do coronel, cuja palavra era lei, uma personagem de saga, um cantor cuja voz, mesmo calada, continuava a ser uma referência.

Neco sentia que seu tempo passara e os últimos grãos de areia escoavam pela ampulheta, como contagem regressiva para a viagem sem retorno.

Um dia foi acometido de uma infecção intestinal e, de tanto defecar, deve ter-se desidratado e se fragilizou. Logo ele, um valentão inquebrantável, cair assim, numa rede, de modo tão prosaico, com essa maldita diarréia... Uma agonia de prevalência do baixo corporal. A morte se aproximava, num galope a beira-mar.

Neco Martins morreu a 8 de abril de 1940, uma terça-feira (ele também nasceu em um dia de Marte, deus da guerra), na força da lua nova, dedicado a Santo Izidoro de Sevilha (proposto como patrono da Internet).

O convite para o enterro saiu na edição da matutina *Gazeta de Notícias* do dia seguinte, onde os membros da família, consternados, comunicavam o sepultamento que aconteceria às 15 horas, no cemitério em São Gonçalo (junto à cova de dona Filomena).

O convite da missa de sétimo dia, publicado pelo vespertino *Correio do Ceará*, do dia 13 de abril, informava que o ato religioso seria celebrado, simultaneamente, em Fortaleza (Igreja do Coração de Jesus) e na matriz de São Gonçalo.

Hoje, a rua Cel. Neco Martins sedia o Centro Social Urbano e a escola Adelino Alcântara, enquanto na rua Filomena Martins ensaia a Banda Municipal de São Gonçalo.

A vida continuava. A preocupação do mundo livre era saber se havia possibilidade de a Alemanha vencer a guerra. O objeto de desejo de muita gente era uma máquina de escrever Royal ou um Radioplayer Phillips. Os cinemas exibiam *A legião da Índia* e *A grande valsa*. Os jornais traziam anúncios da Aba Film e a notícia de que as equipes de Huracan e de Caucaia se enfrentaram no Campo do Alagadiço.

A primeira emissora de rádio cearense, a PRE-9, fora inaugurada em 1934 e os violeiros continuavam fazendo apresentações nos sítios e fazendas, acentuando o caráter rural que então se mantinha.

Neco partiu, mas a tradição permaneceu com o Cego Aderaldo (1892-1967) e chegou a Patativa do Assaré (1909-2002), Siqueira do Amorim (1913-1996), Antonio Ferreira (1926), Pedro Bandeira (1938) e Geraldo Amâncio (1946), ponteando pelo mundo afora.

As novas tecnologias foram apropriadas e depois de terem ocupado tempo no rádio, têm acesso ao *compact disc*, em que feixes de luzes lêem o que foi gravado, nos festivais organizados por eles, nos clubes, teatros e casas de shows das cidades. Chegam a comandar programas de televisão (Geraldo Amâncio, Tv Jangadeiro, Fortaleza).

A história de São Gonçalo é marcada por um intenso vaivém, ao sabor das lutas políticas. Município criado em 1890 (um ano antes da chegada de Neco), tinha sede em Paracuru, transferida várias vezes para São Gonçalo e de volta para Paracuru, até que, em 1935, fixou-se, definitivamente, no povoado de Neco, elevado à cidade em 1938, dois anos antes de sua morte.

O decreto-lei nº 1114, de 30 de dezembro de 1943, trocou o nome de São Gonçalo para Anacetaba, Taba dos Anacés (etnia que habitava aquele sítio), durante o Estado Novo.

Seu filho José Eretides, nascido em 1902, foi o único a fazer carreira política. Deputado estadual constituinte (1947-1950); derrotado à prefeitura de Fortaleza, em 1950 (2438 votos contra 20889 do radialista Paulo Cabral de Araújo), apesar do apoio do ex-prefeito Acrísio Moreira da Rocha; teve 13 votos para deputado estadual nas eleições de 1954 e saiu de cena.

A crônica política registra a preocupação do parlamentar com a abertura de estradas, ligando São Gonçalo a Paracuru, Trairi e Pecém; a construção de um hospital e a criação dos municípios de Trairi, Paracuru e São Luís do Curu. Uma de suas bandeiras, o prolongamento da via férrea de Umarituba até São Gonçalo, nunca se concretizou.

Ele se empenhou para que a cidade voltasse a se chamar São Gonçalo, em memória do pai, o que aconteceria a 22 de novembro de 1951, com a nova lei de divisão territorial (nº 1153).

De acordo com Hugo Victor Guimarães, Eretides não perdia "o ensejo de animar os vates populares, chegando mesmo a produzir rimances e desafios de fino sabor e sutileza de espírito".

Uma de suas produções, o cordel *Boi Preto* (reunindo duas vaquejadas), que ele era constrangido pelo pai a recitar para as visitas, foi publicado com o pseudônimo de Manoel Abelha, um vaqueiro de sua fazenda.

Ainda que também fosse tratado por coronel, era generoso e desprendido dos bens materiais. Há notícias dele na Confeitaria Ritz, ponto de encontro de intelectuais, boêmios e violeiros, em Fortaleza. A esposa, Eufrosina, tinha outra atitude em relação ao repente.

Promoveu, em 1954, um festival de cantoria, em sua fazenda Liberdade, reunindo 54 violeiros, objeto de reportagem da revista *O Cruzeiro*, dos Diários Associados. Um mote proposto por Eretides foi: "no sertão os cantadores/ cantam mais que os passarinhos".

Recorrendo, intuitivamente, ao *marketing* político, levava duplas de repentistas para se apresentar em suas viagens durante as campanhas eleitorais.

Morto em 1963, é hoje nome de rua do bairro de São Gerardo, em Fortaleza.

Para compreender a formação do imaginário do menino Manoel, que resultou no repentista, vale rememorar o acalanto, as cantigas de roda (*Senhora Dona Sancha*), e a narrativa do *Rabicho da Geralda*, que circulava pelo Ceará desde o século XVIII (recolhida, dentre outros, por Capistrano de Abreu). Talvez participasse de leituras coletivas à noite, no terreiro da fazenda (como José de Alencar) e misturasse o aboio dos vaqueiros com o torém dos índios, cocos da praia, lundus e chulas, cantados por suas amas, que, mais tarde, estariam no seu *baião* de viola.

E que livros ele teria em casa, na biblioteca da esposa letrada? Almanaques? *A História do Imperador Carlos Magno*? Um romance de José de Alencar?

Dizer que o menino nasceu com o dom, seria negar que as pessoas se constroem e o meio interfere, dando (ou negando) as condições para a plenitude.

Neco é intérprete de uma cantoria que se disseminou pelo Brasil, principalmente pelo Nordeste, e tem, nas serras do Teixeira, na Paraíba, do Martins, no Rio Grande do Norte, bem como no Cariri cearense (Zé de Matos, no Crato), os pioneiros de uma fase. Era o universo encantatório, tendo a voz como suporte, até que as gráficas se interiorizaram e chegaram ao Nordeste, no final do século XIX, dando início à impressão dos folhetos.

Ele poderia ter acesso às fontes impressas, já que era homem de bom poder aquisitivo, em contato com a capital, onde a Tipografia Minerva, de acordo com Ruth Terra, publicava a literatura popular em versos, entre 1904 e 1930.

A construção de um repentista implica esse exercício diário, aliado a um domínio das regras, a um vocabulário rico e ao improviso ágil. Neco Martins foi um deles, longe dos centros tradicionais da poesia cantada, o que valoriza ainda mais sua contribuição.

Pensar em Neco é evocar os cantadores anônimos e todos teriam sido, não fora a fixação de uma tradição que se recicla e permanece, revigorada, no contexto da cultura de massas e em uma aproximação, que alguns estudiosos propõem, hoje em dia, com o *rap*.

O que ficou de Neco e ressalte-se que apenas a letra (a voz se perdeu nos confins do tempo), grafada por outros, justifica sua entrada neste panteão da cantoria. Apesar de uma presença até certo ponto bissexta, envolvido com seus negócios de exportação, vistoriando as fazendas de gado, pelejando nas questões políticas e sofrendo forte oposição famíliar.

O que registraram de Neco é significativo, em um contexto onde a memória não foi respeitada, e essas manifestações eram tidas como arcaicas, antes de serem apropriadas pela Indústria Cultural, que lhes daria um certo vigor, apesar de direcioná-las para nichos específicos de mercado. Vale ressaltar o rótulo de regional, com que ela é catalogada nas *megastores* de cd's, e a rejeição pelos segundos cadernos, que pautam as discussões sobre cultura e tentam impor as tendências do mercado.

Este esboço biográfico de Neco Martins, cantador de repente, que de sua aldeia, São Gonçalo, cantou o mundo (para o mundo), voz que ecoou até hoje, é um texto com lacunas, marcado pelo desejo de trazê-lo de volta, evocando a memória (e lutando contra o esquecimento), por meio das palavras, para desenvolver o mote de uma vida inteira.

Desafio de Neco Martins com Xica Barrosa

1

Meus senhores e senhoras,
Que aqui estão presentes
Queiram ouvir um cantor
Que propala simplesmente
Palavras da ignorância
Do tempo de sua infância
Da classe dos inocentes.

Quando eu era pequeno,
Que gostava de cantar
Os meus pais me reprovando
Usavam de me privar;
Mas eu à noite fugia,
Deixando a rede saía
Até um samba encontrar.

Se não encontrava samba
Eu sozinho o fazia;
Porque bastava cantar,
O povo se reunia.
Cantava até umas horas,
Ao depois eu ia embora
Antes de amanhecer o dia.

Quando era bem cedinho,
Que eu da rede saía
Perguntava logo aos velhos,
Qual a tarefa do dia
Ficava o velho contente
A velha bem inocente,
Sem saber que eu fugia.

Ao depois de eu já grande
Com prática de cantoria,
Os que gostavam do velho
Para eu cantar pedia;
Ele sem querer deixar
Depois para não faltar,
Muitas vezes consentia.

Fui assim me habilitando,
Cantando sempre a pedido
Ao depois o mesmo velho
Já estava arrependido;
Embora com o mal exemplo
De todo aquele tempo,
Que eu já tinha perdido.

Ficando sempre a velha
Para me fazer questão
Reprovando o mal costume,
Que mancha a reputação
Sempre me aconselhando,
E disto me retirando
Com muita ira e paixão.

Reprovando o mal costume
Que eu tinha de cantar
Reprovando muito mais
O costume de jogar
De beber muito pior
Metendo-me o cipó
Que me fazia gritar.

Um dia me deu dinheiro
Para eu comprar sabão
Eu passei a mão no cobre
Corri a povoação;
De sem-vergonha e bobo
Perdi-o todo no jogo
Fiquei feito um paspalho.

Era um dia de sábado!
Passei domingo e segunda
A pobre velha esperando,
Com toda roupa imunda
E Neco na brincadeira,
No jogo, na bebedeira,
Outros crimes na corcunda.

A velha em casa dizia:
Aquele filho não presta
Comprar sabão há três dias
Mas que demora é esta?
Que nem Neco, nem sabão
Já estou com confusão
Mas isto é jogo ou festa.

Segunda feira à noite
Foi que em casa cheguei;
Já coberto de vergonha
Junto a velha me encostei
Fui logo tomando a bença
Como era de carença
O sabão não entreguei.

A velha me abençoou
Porém com palavra estranha
Foi me pegando no braço
Dizendo: tenha vergonha,
Atacando-me o chicote
Do lombo até o cangote
Que já vi surra medonha.

Desta vez eu melhorei,
Passando porção de dia
Sem andar atrás de jogo
Nem também de cantoria...
A velha já mais contente,
O filho de costa quente
A surra ainda doía.

Depois de alguns dias,
Que alguém me perguntava
Ou por outra me pedia
Para ver se eu cantava
Eu não sou mais de palei
Se soubessem do que sei,
Nunca mais nisto falava.

Depois por muita instância
E também ser seduzido
E mesmo satisfazer
De alguém grande pedido
Fui me esquecendo da pisa,
Que foi de rasgar camisa
Mas não me fez corrigido.

Depois que a velha soube
Que eu tornei a cantar
Passou-me um grande selo
Querendo me açoitar
Não quer se dar a respeito
Quem é ruim não tem jeito
É melhor se desprezar.

Faça tudo que quiser,
Tua mãe mais nada diz
Cansei de te dar conselhos
Porém tomares não quis;
Cumpre com a tua sorte,
O que é do berço vai à morte
Deus que te faça feliz.

2

Tomei toda liberdade
Nos costumes divertidos
Quando havia um samba
Primeiro eu era ouvido,
Para marcar o seu dia
Como autor da cantoria
Em todo e qualquer sentido.

Os cantores que haviam,
Logo que foram sabendo
De prolongada distância,
Vinham logo aparecendo
Querendo o privilégio,
De regerem o colégio
Que eu estava regendo.

Os primeiros que vieram,
Não puderam divertir
Logo à boca da noite,
Eu os mandava dormir
Metendo-lhes a palmatória
Mandava criar memória
Quando criar pode vir.

Encontrei na cantoria
Uma Francisca Barrosa
Que a fama desta negra
No mundo era espantosa
Tivemos um desafio,
Este me deu calafrio
Ficando a boca amargosa.

Barrosa

Quando nós fomos cantar,
Barrosa primeiramente
Disse as palavras seguintes:
"Improviso de repente
Eu canto em sete pés
Marchando nestes nivéis
Sem dizer cousa indecente".

Neco

Barrosa, Neco Martins,
Diz tudo quanto disseres
Em sete pés, ou em mais,
Da maneira que quiseres;
Improviso de repente,
Sem dizer cousa indecente
Faço tudo que fizeres.

Barrosa

A Barrosa quando canta
Faz a terra estremecer
Faz o céu se abalar,
Faz os planetas descer;
Quem vier cantar comigo
Correrá grande perigo,
Até a morte sofrer.

Neco

O Neco Martins cantando,
A terra não estremece...
Sustenta o Céu, não abala,
Nenhum dos planetas desce;
Hoje eu canto contigo
Sem correr grande perigo
A morte não aparece.

Barrosa

Me parece que seu Neco
Tem alguma pabulagem
Pois me mostre em cantoria
Qual é a sua vantagem;
Ou verdade, ou mentira,
Em que altura se atira
Embora seja bobagem.

Neco

Neco Martins quando canta
Nubla-se o tempo e chuvisca
Abre o relâmpago nas nuvens
Descendo grande faísca;
Se não tiveres pára-raio,
Sofrerá grande desmaio
Até a morte se arrisca.

Barrosa

Já que me falas dos astros
Diga o que há de notável
Lá nessas sumas alturas
O que há de admirável?
Neste grande firmamento
Qual é o seu ornamento
Que nos parece invejável?

Neco

De dia eu vejo o sol,
Às vezes a lua também
À noite vejo as estrelas,
Vejo os planetas que tem
Vejo o céu muito azulado,
Em outras horas nublado
Como que a chuva vem.

Barrosa
Já que me falas em nublado
Me diga o que mais tem,
Quando o céu está nublado
Como que a chuva vem...
De tudo quero saber,
Para então me convencer
Que o senhor canta bem.

Neco
Vejo torres amarelas,
Tingidas de azulão.
Relâmpagos se abrindo,
Ouço estrondoso trovão
Nuvens brancas como o vento
Passando no firmamento,
Como pastas de algodão.

Barrosa
Quero também que me diga,
O que vou lhe perguntar
O que é que olhos vêem
E a mão não pode pegar;
Por mais vontade que tenha
Sem que isto obtenha
Que nos faça admirar!

Neco

Tudo quanto tem nos astros
Ao mesmo vento que passa
Olhos vêem, mas não pego.
Se tem mais pergunta faça
Porém com outras cantigas
Porque perguntas antigas
Quase ninguém acha graça.

Barrosa

Vou lhe fazer uma nova,
Quero ver me responder
Mil pão vendido a vintém
Quantos mil reis vêm a ser
Me responda em sete pés
Perante os homens fiéis
Porque todos querem ver.

Neco

Mil pão vendido a vintém
Importa em vinte mil reis
Faça a conta tire a prova
Confira nos seus papéis;
É bonito ver-se a conta.
Porque a obra está pronta
Feita mesmo a sete pés.

Barrosa
Já fiz a conta: está certa,
Conheço que conta bem.
Não lhe faço mais pergunta
Faça agora a mim também
Para eu lhe responder,
Mostrando-lhe meu saber
Se cantando lhe convém.

Neco
Eu quero lhe perguntar,
Mas sei que não me responde
Mas enfim me diga sempre
No Brasil quem era conde,
E o seu sogro quem era,
E a sua morte aonde?

Barrosa
Logo a primeira pergunta,
Interrompeu-me a memória
Não lhe posso responder,
Não conheço da historia
Me querendo desculpar,
Esta falta perdoar
A quem aí tudo ignora.

Neco

Eu lhe posso perdoar,
Porem conheça a lição.
Que você desafiou-me
Com tamanha exaltação
Pedindo que perguntasse
Até de mim caçoasse
Mas não deu explicação.

Barrosa

O que você perguntou-me
Eu não soube declarar
Você mesmo perguntou
Talvez não saiba explicar;
E se souber me explique
Por sua boca publique,
Para eu acreditar.

Neco

Barrosa, o Conde d'Eu
Tão conhecida pessoa
Era o genro de D. Pedro
Nosso ex-rei de coroa
Foi infeliz deportado,
Nesse tempo malfadado
Perdeu a vida em Lisboa.

Barrosa
Senhor Neco, em pergunta,
Me convenço da lição
Porém em outro assunto,
Falo com ostentação;
Rasgo o véu do engano,
Como tesoura no pano
Corto flores com a mão.

Neco
Cortar flores com a mão,
Se deixa para meninos
Daqueles bem inocentes,
Ou então muito traquinos;
Conheço flor sem perfume
De que o homem tem ciúme,
Com um grande desatino.

Barrosa
Me diga qual é esta flor
Por quem há tanta questão
Que também quero saber,
Me dê esta explicação;
Para eu ser sabedora
E dela respeitadora
Com a maior atenção.

Neco
As flores mais respeitadas
Que faz grande desatino,
Eu sei mas não explico...
É só o que não combino;
É isto lhe explicar.
Mesmo para respeitar,
Eu morro, mas não ensino.

Barrosa
Me parece que não saber,
Qual é a flor sem perfume
Que faz grande desatino
De que o homem tem ciúme
Faz favor de me explicar
Querendo me orientar,
Embora em pequeno lume.

Neco
Pode ficar convencida,
Que tenho conhecimento
Desta tão bela flor
Que vive em pensamento
Porém não torne a pedir,
Que não quero descobrir
Este grande sacramento.

3

Barrosa

Vamos a outros terrenos,
Mudando o regulamento
Cantando em outra regra
Mostrando nosso talento;
A quantidade de rima,
Que der o nosso elemento
Ou de oito, ou de dez,
Que vier no pensamento.

Neco

Barrosa, é como quiseres,
No que fizer eu acompanho
Ou de oito, ou de dez,
Ou outro qualquer tamanho
Ou no brando, ou no duro,
A tudo eu me disponho;
Tendo a mais plena certeza
Que de você não apanho.

Barrosa

Senhor Neco não pabule,
Que já estou me zangando.
Eu zangada não sou boa
Sai gente daqui chorando;
Não posso lhe respeitar,
Como estava respeitando...
É mesmo que estar vendo,
Sai o senhor apanhando.

Neco
Não estou com pabulagem,
Nem preciso pabular
Tudo quanto digo, provo
Com ação hei de mostrar,
Zangue-se como quiser.
Não querendo respeitar
Fica feio para ti
Tem muito que apanhar.

Barrosa
A Barrosa se zangando
Dá-lhe uma grande pisa
Daquelas de engrossar couro
Que faz rasgar a camisa;
Deixando as contusões
Que não se acha divisa,
Não brinca mais com Barrosa
Desde já que lhe avisa.

Neco
O diabo não lhe atenta,
Nem mesmo isto acontece
Se a tanto te atreveres,
Logo a desgraça aparece.
Trazendo grande desordem
Em que Barrosa padece;
Tomando peia no lombo,
Pelo aviso carece.

Barrosa
Não me ameace de peia,
Que me faz ficar danada
Eu não sou sua cativa
Nem também sua criada
Para apanhar de peia,
E nem ser ameaçada;
Se continuar assim
Vê negra desaforada.

Neco
Você pode se danar,
Ficando desaforada
Porém se cantar comigo
Com cantiga arrebatada,
Não poderá ser feliz
Tem a vida malfadada
Tem sorte de tartaruga
Morre na beira virada.

Barrosa
Eu já não me importo mais
Com regra de cantoria
Me atiro a todo pano,
Com a maior demasia.
O que quero lhe mostrar
É que tenho garantia;
E também posso dar golpes,
De deixar sem serventia.

Dando lapos a meu jeito
Mesmo como eu queria.

Neco
Já que você não tem regra
Mais na sua cantoria,
Se atira a todo pano...
Com a maior demasia,
Vou dar-lhe um golpe fatal,
Cousa que eu não queria;
Dando dores de cabeça
Nos olhos hemorragia
Dou-lhe dor no coração
Com terrível agonia,
Encausando no estômago
A grande dispepsia...
Morre não acha remédio
Em nem uma drogaria.
Só quem lhe pode dar jeito
É quem fez a tirania.

Barrosa
Pois se é quem me dá jeito
Aos males que me botou
Com este golpe fatal
Que em mim descarregou
Cure que eu quero ver
Sua clínica de doutor

Distribuindo um por um,
Quero ver o seu valor
Para então reconhecê-lo
Como primeiro cantor.

Neco
Barrosa vou te curar,
Com minha homeopatia
Que em alguns tempos curava
Os males que aparecia;
Na cabeça, Nervo-cura,
toda dor se destruía.
Nos olhos, boto colírio,
De nome Santa Luzia;
Com rapidez se destrói
Toda tua hemorragia.
Com as pílulas de Richard
Curo-lhe a dispepsia
Com o Bálsamo Filantrópico
Suspendo toda agonia
Curo a dor do coração,
Feita pela tirania...
É esta a minha clinica,
Com que curo a demasia
Daquele golpe fatal,
Que te dei na cantoria.

Barrosa
Agora estou curada
E bem restabelecida
Temos barulho de novo,
Porque sou negra atrevida
No dia em que me estouro,
Levo o mundo a uma lida
Fazendo resolução,
Em forma descomedida;
Quando a cacuruto os olhos,
Com a venta retorcida
Cantador não se atravessa,
Nem pode com a minha vida.

Neco
Barrosa não se exalte,
Deixe-se desta imprudência
Porque a melhor virtude
É calma com paciência;
Sempre é mal sucedido
Quem anda com violência
Só pode andar sujeito
Às maiores contingências...
Se tomares meu conselho,
Deixando de insolência.
Te garanto que mereces,
Muito melhor preferência
E se assim não fizeres

Perderás a influência;
Me obrigando a fazer
O que dói na consciência.

Barrosa
Não preciso de conselhos
Porque eu não sou menina
Faço tudo quanto quero,
Desde eu bem pequenina
Que nas minhas brincadeiras
Sempre fui negra traquina
Não é hoje de andar
Sujeita a sua buzina;
É melhor que você ouça
O que Barrosa ensina
Que se assim não fizer
Será triste a sua sina.

Neco
Barrosa não se altere
Nem a tanto se exponha
Saber que um bom conselho
Com ele muito se ganha...
No meio do auditório,
Tem gente de cerimônia;
É infeliz a pessoa
Que não respeita a vergonha
Não se ponha a provocar,
Que Neco quando se assanha

É serpente venenosa,
É ferroada de aranha
Entra na maça do peito,
Deixa fístula nas entranhas
Quem com ele abre luta
No fim do barulho apanha;
É mais triste a tua sina,
Com esta pisa medonha.

Barrosa
Pisa medonha dou eu,
De cabelos se arrancar
De falar couro do lombo,
Do pescoço ao calcanhar;
Se não te tratares em tempo,
Talvez não possa escapar
Minha pisa é venenosa,
Que não se pode curar.
Cada tacada que dou,
Vejo o pedaço voar.

Neco
Barrosa em carnificina,
Com terror pior te faço
Corto-te os pés pelas juntas
Sem encontrar embaraço
Corto as juntas nos joelhos,
Separo cada pedaço;
Corto nas juntas das coxas,

Desligo do espinhaço
Corto as mãos nas munhecas
Corto nas Juntas do braço
Corto nas juntas dos ombros,
Para o pescoço me passo;
Tiro a cabeça do corpo
Pelo tronco do cachaço.
Fica o bolão do corpo,
Pegado no espinhaço
Bato com ele no chão,
Até ficar em bagaço.

Barrosa
Seu Neco em cantoria,
Possui grande vocação
Ou possui alguma arte
Que faz pintura do cão;
Me convenço que não posso
Acompanhar seu rojão
Nunca encontrei cantor
De tão alta rimação
Com tanta facilidade
Que faz admiração!

Neco
Barrosa não tenho arte,
Nem do cão faço pintura
Porque quem anda com Deus
É mais feliz criatura.

Neste mundo e no outro,
Alcançará mais ventura;
Porém minha vocação
Vem do berço à sepultura
Que por Deus nasci dotado
Para ter rima segura
Reconheça que você
Não chega na minha altura.

Barrosa
Já estou reconhecida,
Vou me tornar moderada
Sei que não acompanho
A sua grande jornada
Porque nunca vi cantor
De rima tão prolongada
E quando abre a boca,
Faz da língua uma espada
Dá talhos sem contrição
Sem deixar escapar nada
Mudemos a discussão,
Fazendo a briga acabada.

Neco
Mudando a discussão,
Cantando mais favorável
Porque este absurdo
Se torna bem censurável
Aqui no grande salão,

Vejo gente respeitável
Havendo diplomacia
Se torna mais agradável
Porque o bom tratamento
Será mais apreciável
A cantoria solene,
Se torna admirável.

4
Barrosa
Seu Neco vamos agora
Mudar o regulamento
Desta nossa cantoria
Para outro seguimento
Cantando por sete linhas
Já com outro regimento
Rimando todas as linhas,
Que faz bom divertimento
Começando no toante,
Que se faz encerramento.

Neco
Compreendo como é
O que está explicando
Canta-se por sete linhas,
Porém todas se rimando
No toante que findar
O outro vou começando;
Embora que adiante

De figura vá mudando
Cantando que tudo rima
Com o toante marchando.

Barrosa
Seu Neco e a Barrosa,
Nesta simples cantoria
Com palavras carinhosas,
Têm prazer e alegria
E com palavras modernas,
Sentados cruzam as pernas
Na mais perfeita harmonia.

Neco
Toda noite e todo dia,
Enquanto o povo quiser,
Ouvir nossa cantoria
Homem, menino e mulher
Todos podem assistir,
Querendo podem ouvir
Enquanto lhes convier.

Barrosa
Há foguete e busca pé
Na nossa festividade
Vem gente de longe a pé
Com grande ansiedade
Porque esta nossa fama

Por muito longe se chama
De grande capacidade.

Neco
Com notícia da bondade
Vem gente de longe terra,
Ver a nossa eqüidade;
De que maneira se encerra
Neco Martins e Barrosa,
Com palavras amistosas
Uma só cousa não erra.

Barrosa
Não há barulho nem guerra
Somente grandes prazeres
De todo povo da terra;
Ouvindo os nosso dizeres
Prestando muita atenção
Perante aqui no salão;
Cumprimos nosso deveres.

Neco
Nos melhores procederes
Nós temos desempenhado
Gozando grandes prazeres
Dos que têm nos cercado;
Com aplausos e bondades
Grandes amabilidades
Que nos têm dispensado.

Barrosa
É do povo delicado
Tratar bem, não tratar mal
Para não ser censurado
Como sempre é natural;
Quem possui educação
Trata com toda atenção,
De um modo jovial.

Neco
Isto é muito real,
É bela a educação
É um desgosto fatal
De quem não tem instrução
Porque não pode mostrar
E nem agrado empregar
Com prova de gratidão.

Barrosa
Como eu tenho intenção
De sempre fazer assim;
Também tive a pretensão
De vencer Neco Martins
Porém achei impossível,
Porque é homem terrível
Sei que não é para mim.

Neco

Não chegaste ao teu fim,
Nem talvez o possa ver
Se eu cantasse ruim
Poderia acontecer...
Volte ao abismo profundo
Venha de novo ao mundo
Se quiseres me vencer.

Barrosa

Disto não quero saber,
Já estou desenganada
E não quero mais sofrer
Daquela pisa passada
Basta o que já passei
Mas felizmente escapei,
Com isto estou exemplada.

Neco

Neco não é caçoada,
Conta com perfeição
Vendo a rapaziada
Ouvir sua narração
Aplaudido com louvores
Recebendo palmas, flores,
No meio da multidão.

5

Barrosa

Vamos cantar o mourão
Para o povo apreciar.

Neco

Me diga em que assunto
Nós devemos começar.

Barrosa

Neco Martins dê começo
Eu apenas me ofereço
Para lhe acompanhar.

Neco

Corro em cima dos trilhos,
Arrasto trinta vagões.

Barrosa

Então é vapor de terra
Corre com altas pressões?

Neco

De boa locomotiva,
Tenho carreira expressiva
Até minhas estações.

Barrosa
Parando faz descarrego,
Tomando carregamento.

Neco
De pessoal e bagagem
Que tiver conhecimento.

Barrosa
Termina a viagem em volta
A carga que leva, solta
Recebendo pagamento.

Neco
Na partida bato a campa,
Que é com que dou sinal.

Barrosa
Recebes a carga em tempo,
Entra todo pessoal.

Neco
Apito faço viagem
Arrastando a carruagem
Para a estação central.

Barrosa
Vive neste movimento,
Com suas locomoções.

Neco
Trabalhando todo dia
Em todas as estações.

Barrosa
Quando é hora de viagem
Manda vender passagem,
Distribuindo os cartões

Neco
Sem subir minha tarifa,
Vendendo do mesmo preço...

Barrosa
É uma tabela fixa,
Que dela eu já conheço

Neco
Todo dia trabalhando,
Sobre os trilhos manobrando
Anoiteço e amanheço

Barrosa
Que elemento e despesa
Tem tua locomoção?

Neco
Para máquina a vapor,
Precisa água e carvão

Barrosa
Precisa de um bom foguista
Também de um maquinista
Azeite na rotação

Neco
Tem que reparar os trilhos,
Reparo em muitos dormentes

Barrosa
Concertar, pintar os carros,
Para andarem decentes

Neco
Todo e qualquer desmantelo
Concerto com todo zelo
Que nisto sou previdente

Barrosa
Deve ter mais empregados
Para o carretamento

Neco
Perfeitamente, tem mais
É conforme o movimento

Barrosa
Para tirar a despesa
Desta fabulosa empresa
Precisa bom rendimento

Neco
Tenho escrituração
De uma ordem perfeita

Barrosa
Por ela vou conhecendo
O lucro que aproveita

Neco
Tenho um bom guarda-livros
Na estação meus arquivos
Com despesa e receita

Barrosa
Ao depois de terminado,
A tarefa do horário...

Neco
É que conto o apuro
Pelo costume diário

Barrosa
Pagando os empregados,
Que estão acostumados
Receberem seus salários

Neco
Ao depois de tudo pago,
Vejo o que me sobrou

Barrosa
Me mostre o bonito lucro,
Se tem bonito valor

Neco
Três contos e tantos por dia
Livre da pagadoria,
É o lucro do vapor

Barrosa
Está terminada a obra
Em cantoria, o mourão

Neco
Fizemos nossa viagem,
A nossa satisfação

Barrosa
Neste seu vapor de terra,
A cantoria se encerra
Com toda explicação

Neco
Está conforme e perfeita
Esta minha invenção

Barrosa

Fizemos uma viagem
Com boa execução

Neco

Se o mourão não for perfeito
Que fique bem satisfeito
Pedimos perdão, perdão!

6

Barrosa

Vamos cantar o martelo,
Como é acostumado.
Cantando em oito linhas,
Fazendo bem explicado;
Mostrando tudo no mundo
Conforme tem se passado.
E se costuma dizer:
É por Deus determinado!

Neco

Barrosa eu lhe acompanho,
No que me fez convidado
Cantando em oito linhas
Martelo aperfeiçoado;
Dizendo o que entender
E que souber do passado
Porque conheço que tudo
É por Deus determinado!

Barrosa

Quando eu era pequenina
Naquele tempo passado
Muita coisa que sofria
Por ser pobre o meu estado
O flagelo da pobreza
Do tempo precipitado,
Dizia para consolo:
É por Deus determinado!

Neco

Quando eu era pequeno,
Despido e maltratado
Pela infeliz pobreza
Por quem era dominado;
Lamentava a minha sorte
Como um desventurado
No pensamento dizia:
É por Deus determinado!

Barrosa

Com isto tinhas consolo,
Ficando mais animado
Que a palavra de Deus
Faz o aflito consolado;
Até o mesmo perdido
Que já está desgraçado
Pensando assim também diz:
É por Deus determinado!

Neco

Quer perdido, quer feliz,
É conforme o seu estado
Mesmo os de grande riqueza,
Ou pobre subjugado;
Uns vivendo satisfeitos,
Outros mais contrariados
Porém todos dizem sempre:
É por Deus determinado.

Barrosa

Até nossas criações
Ou as plantas de roçado
Quando o inverno é grande
Que faz tudo derrotado
Ou por outra, se há seca
Que deixa tudo abrasado
Dizem para ter consolo:
É por Deus determinado!

Neco

Até mesmo o criador,
Que tem em pasto o gado
No dia que falta um,
Fica com muito cuidado
E se bem não aparece,
Ficará suspirando diz:
É por Deus determinado!

Barrosa
Todo vivente no mundo,
Que na terra tem pisado
Ou mesmo não tendo vida
Sendo imóvel, parado;
É conhecido e sabido,
De modo verificado,
Que tudo que há no mundo
É por Deus determinado!

Neco
Até a grande instrução,
A quem eu vivo encostado;
E a triste ignorância,
No seu deserto isolada
Que todo mundo aborrece
E se faz dela afastada,
Tanto uma, como outra.
É por Deus determinado!

Barrosa
O mais forte monumento,
Que se tenha edificado.
Com a mais perfeita arte
Que fique petrificado,
Que o seu dono se orgulhe
Que nele está descansado,
Quer desabe, quer segure
É por Deus determinado!

Barrosa

O maior ateu do mundo,
Descrente demasiado
Que em nada queira crer
Do que nós temos narrado
Verá cousa neste mundo
Que fica admirado.
Que pensa, embora não diga,
É por Deus determinado!

Neco

E tudo da natureza,
Ou mesmo artificiado
Tudo o que se vê e sente,
No futuro e no passado
Como bem o firmamento
De belezas tão armado,
Me faz convencer que tudo
É por Deus determinado!

Barrosa

Bravo ilustrado colega,
Foste com palma apoiado
Estão todos convencidos
Que no cantar és dotado!
Terminemos o martelo
Que deves estar cansado
Porque mesmo tudo isso,
É por Deus determinado!

Neco
Queria dar expansão
Barrosa, a este meu fado
Porém para te servir,
Sempre serei delicado
Queria na cantoria
Fazer tudo bem provado
Que tudo que há no mundo
É por Deus determinado!

7
Barrosa
Vamos fazer conclusão,
A tarefa está cumprida
A noite está passada,
Eu estou muito abatida
Vamos agora tratar
De fazer a despedida
Até a segunda vez
Se Deus me conceder vida.

Neco
Esta nossa despedida
É que eu acho custosa
Porque eu te deixarei
Como o perfume a rosa
Que sai deixando a saudade
Na sua pétala mimosa,
Da mesma forma sou eu,

Quando te deixar Barrosa
Conservando na lembrança
Esta colega saudosa
Sempre te reconhecendo,
Como mulher extremosa
E também como cantora,
Colega afetuosa.

Barrosa
Colega muito obrigado,
Isto não merecerei,
Mas por seres delicado
Também lhe peço desculpas,
Estas honras ganharei;
Se cantando o maltratei...
O senhor não ignora
Que sempre bem lhe tratei
E fora da cantoria,
Sempre lhe respeitarei.

Neco
Agradecido, colega,
Você não me maltratou
Porque prosa em cantoria
Nunca me incomodou
Se eu também fui grosseiro,
Devo ser merecedor
De obter o perdão,
Pelo seu digno valor

Porque sempre estarei pronto
A ser seu respeitador
Quando precisar de mim
Estarei ao seu dispor.

Barrosa
Agradecida, colega,
Por sua diplomacia
E bom oferecimento
Que me faz na cantoria,
Da mesma sorte ofereço-me,
Embora sem serventia
Quando precisar de mim,
Nesta, ou qualquer freguesia
Recebendo suas ordens
Venho com toda alegria,
Para cumprir os destinos
Que der vossa senhoria,
Pode ficar bem ciente
Adeus, até algum dia!

Neco
Agradecido, colega!
Lhe estou muito obrigado
Quando precisar de mim,
Disponha aqui de um criado
Para lhe servir a gosto,
Cumprindo vosso mandado.
Se não estiver prostrado

Recebendo suas ordens
Ou por escrito, ou recado
Correrei com toda urgência,
Acudindo ao seu chamado
Nessa nossa despedida
Dê-me um abraço acochado,
Dê-me um aperto de mão
Bem longo, bem extremado,
Dando-me um saudoso adeus
Que fique bem registrado.

Barrosa
Nesta nossa cantoria,
O mundo se estremeceu
Até os mortos ouviram,
No fundo dos mausoléus;
Com o abalo acabou-se
A raça dos fariseus
O mundo tem liberdade
E o infinito tem Deus!
Colega, Neco Martins
Aceita meu triste adeus!

Marco de Divisão
Para os Cantadores do Norte

1

Tenho visto alguns cantores
Tomarem a prevenção
De encravarem seus marcos
Para fazer divisão;
Se apossando de terreno
Fazendo demarcação.

Eu também vou fazer um
Para evitar questão
Prevenindo no futuro
Não receber turbação;
Vou encravar o meu marco
Para ter manutenção.

Tratando de meu direito,
Vou limitar meus terrenos,
Não quero me exagerar
Nem de mais e nem de menos
Que o meu não seja o maior
Nem também dos mais pequenos.

A planta é cem léguas em quadro
Que eu faço de largura,
Fazendo nos alicerces
Vinte léguas de fundura,
E do nível para cima
Duzentas léguas de altura.

Alicerce à pedra e cal
Tijolo alvenaria;
Duzentas léguas de altura
Não acho ser demasia
Tendo cem léguas de largo,
Fica a obra em simetria.

Os alicerces bem feitos,
Assim com esta fundura
Levando a obra a prumo
Com toda arquitetura;
Me parece que em arte
Não tem obra mais segura.

Para poupar as despesas,
Trabalho com pouca gente
Quatro mil oficiais,
E quatro mil gerentes,
E doze mil operários,
Para uso de serventes.

Continua-se o trabalho
Com ordem especial,
Uns vão encostando pedra,
Outros vão traçando cal,
Outros n' água e areia
Não falta material.

Depois do nível tirado
Com toda exatidão,
Se coloca em cada lado
Pelo menos mil portão,
Em forma de arqueada,
Para a navegação.

Em cada um dos portões,
Deve ter uma escada
Que é para o movimento
De cada uma entrada;
Tendo serventia pública,
Depois da obra acabada.

Ao depois que os portões
Estiver em seguimento
Com as devidas arqueadas
Deste meu regulamento,
Passa-se todo trabalho
Para o lado de dentro.

O trabalho só por dentro
Eu faço melhor resumo,
E os materiais do centro
Dão bem para o consumo;
E pelo lado de fora,
Segue linha reta prumo.

Assim continua a obra
Com a melhor construção,
Debaixo de minha vista
Dando minha direção;
Afim de ter o prazer
De ver sua conclusão.

Uns trabalham em parede,
Outros estão nas escadas.
Com as direções devidas,
Que servirão de estradas;
Durante a construção,
Não se proíbe as entradas.

Para não ser tão extenso
Neste trabalho espinhoso,
Não me explico melhor
De modo minucioso;
Vou resumindo a história
Deste marco fabuloso.

Mas é tudo dessa forma
Construído a pedra e cal;
Com as mesmas direções
Que demonstrei em geral;
Vai com toda perfeição
Até seu dia final.

Ao depois de construído
O marco de divisão
Farei nele um palacete,
À minha satisfação;
Farei um grande banquete,
Na sua inauguração.

Depois de inaugurado,
Irei tratar da riqueza
Que existe neste marco,
Que tudo é com grandeza;
Dado pela providência,
Com a mão da natureza.

2

Vou fazer o palacete,
Para em tempo de verão
Eu passar com a família
Gozando a distração
Vou fazer pequenininho
Porém quero bonitinho,
Que me faça sedução.

A planta é cem metros em quadro.
Deixando livre o centro.
Para poder dividir
Todo seu repartimento;
Faço alcovas e salões,
Nas puxadas seus rincões,
Com largura e comprimento.

Faço grande corredor,
Faço salão de jantar,
Faço belos gabinetes
De profundo pernoitar;
Sobrado de três andares,
Para desfrutar os ares
E a fresca brisa gozar.

Faço sala de entrada,
Faço sala de visita
Forrando do melhor gosto,
Que ninguém me acredita
Que mesmo eu seja capaz
De com meus oficiais
Fazer obra tão bonita.

Mando vestir de azulejo,
Pelo sistema à Paris
Que eu mesmo me admiro
Do trabalho que eu fiz;
Porque sendo o seu autor,
Vendo da arte um primor,
Me orgulho de feliz.

Todas as portas externas
Feitas de murapinima
Com pinturas naturais
Melhor do que obra prima
Só isto é muita vantagem
Brilhar como uma imagem
Daquelas que mais se estima.

Todas as portas externas
Com perfeitas bandeirolas
Pintadas do melhor gosto
Com fechaduras de molas
Com seus gradilhos e trinco
Brilhando parece um brinco
Por dentro suas argolas.

Toda casa assoalhada,
As janelas com vidraças,
Com rótulas sem ter emenda.
Por onde o vento não passa;
O sobrado avarandado.
Gradilho aperfeiçoado,
Como os melhores da praça.

Calçada feita a cimento,
Salão forrado a tapete,
Escada de corrimão
Tem neste meu palacete
Quando eu inaugurar,
Eu mesmo mando soltar
Quatro milhões de foguetes.

Iluminação elétrica
Em todo o compartimento
Que fica parece o sol,
Com o seu deslumbramento
fica que é resplendor,
Do mais iluminador
Do nosso conhecimento.

Está terminada a obra
Que eu tinha prometido
De edificar no marco
Que eu tinha construído;
Falta a inauguração
Agora sim, é festão!
Tem muita gente bebido!

Morrerão sessenta bois,
Morrem duzentos carneiros,
Morrem duas mil galinhas
Tiradas dos galinheiros;
Peru não tem quantidade,
Mata-se ali à vontade
Os que se achar nos terreiros.

Tem quarenta cozinheiros
De primeira qualidade
E tem sessenta serventes
Homens da sociedade;
Para o grande movimento
Deste inauguramento,
Da grande festividade.

Tem mil caixas de champanhe
Duas mil de cerveja.
As outras bebidas finas
Hão de cruzar em bandeja
Para gozar essa festa,
Com agradável palestra
Até quem morreu deseja.

Quatro milhões de foguetes
Subindo em desespero,
Com todo fogo de vista
Pedido do estrangeiro.
Busca-pé que queima a gente,
Ficando o clima quente
Só dos tiros do "morteiro".

O banquete em movimento,
Os oradores falando
E os brindes se erguendo
E as palmarias estalando;
A música harmoniosa,
Com notas melodiosas
De quando em quando tocando.

3

Vamos agora às grandezas
Que neste meu marco tem;
Porque se saber convém
Das numerosas riquezas;
Não darei notas gerais,
Porque mesmo não carece
Mas o que digo parece
Com fortunas colossais.

Neste grande baluarte,
No meio um lago tem
Para onde as águas vêm
Descendo de toda parte,
Num ideal movimento
Vendo-se as fontes vertentes
Expedir águas correntes,
O lago em recebimento.

Quando o inverno é pesado,
Cresce as águas em borbotão
Mas diminuem no verão
Que fica no mesmo estado;
Por um sistema importante,
Tem o seu temperamento
Com este regulamento
Mantendo-se assim constante.

Lugares apropriados,
Para os agricultores
Também para os criadores
Daqueles mais abastados;
Outras causas de valores
Como bem os cafezais;
Enormes canaviais,
Muitas fabricas a vapores.

A industria é fabulosa
De açúcar e cachaça
Café dá tanta barcaça
Numa conta numerosa
Quando é pelo verão
Borracha dos seringais
Cera dos carnaubais
Admira a extração.

A exportação do gado
Causa admiração.
Outra qualquer criação
Supre a qualquer estado
Ninguém faz conta de fumo
Outro qualquer cereais,
Não vence por ser demais
Sobra de todo consumo.!

Lá tem tanto do cacau,
Que dele ninguém faz conta
Porque mesmo não se planta
Nasce como qualquer pau;
E ninguém tem.encomenda,
Madeira com toda sobra
Própria para qualquer obra
Sem precisar de emenda.

Neste meu marco eu tenho
Muitos milhões de habitantes
Tem ricos comerciantes,
Muitos senhores de engenho;
Abastados fazendeiros,
Imensos capitalistas
Debaixo de minha vistas,
Existe muito dinheiro.

Agora os peixes do lago,
Que é a maior fartura;
Que lá miséria não dura
Quem falar em fome eu pago
Pois não estou com cantiga
Estou falando a verdade,
Caça é em quantidade
Talvez mais do que formiga.

Vamos aos nomes dos peixes,
Que no meu lago contém,
Se eu não descrever bem,
Por favor ninguém se queixe
Porque todos eu não vi,
Mesmo peixe que se come,
Já deram tanto do nome
Que eu não os aprendi.

4

Os peixes que eu conheço,
Os nomes vou declarar:
Piaba, bagre, traíra,
Eixu, moré, cará,
Taniboata, acari
Carapeba, cangati
Saúna, e corimã,
Pescada, tamatarana
Garoupa, e chancarona
Piau e curimatã.

Chatinha e piabuçu,
Tainha e corimaí,
Salema, ariacó,
Pitu, lagostim, siri,
Jacundá, camurupim,
Biquaras e camorim,
Cangulos e mariquita,

Serra, bonito e cação
Mero, boto, tubarão
Muitas cavalas bonita.

Jaguara, cação panam,
Rabo seco e de chapéu
Espadarte, sicori
Pampo, parum e xaréu,
Sioba, pargos e pema,
Enxova faz piracema,
Sargo, galo, pirarucú
Pilombeta e garajuba
Graxibora e guaiuba
Agulhão e pirambu.

Todo peixe deste lago
Tem bonito crescimento,
Que um trem com dez vagões
Não pode arrastar um cento
Como eu quero incutir
Não pensem que vou mentir
Um cangati que matei;
Mandei cortar na balança
Se não me falha a lembrança
Seiscentos quilos pesei.

Alguém ficará em dúvida,
Pensando que é mentira
Quanto mais vendo eu contar
O que fiz numa traíra...

Mostrando minha verdade
De homem de probidade,
Vendi o quilo a tostão
Comprei trinta novilhotes,
Comprei sessenta boiotes
No ano de castração.

5
Não falando mais em peixe
Do marco dos cantadores
As desbragadas mentiras,
No mundo já faz horrores;
Falando agora também
Em toda fruta que tem
Vou fazer a descrição
Pela sua quantidade
Demonstrando a qualidade
Da praia e do sertão.

Laranja, manga e jaca,
Abacate, sapoti.
Graviola e genipapo
Ananás, abacaxi;
Uvas e maracujá,
Goiaba, bacumixá,
Condessa e araticum
Catolé, coco, melão,
Jaracatiá, mamão,
Melancia e jerimum

Muitas frutas do sertão,
E da praia que prefiro;
Caju, banana, juá
Maracujá de suspiro,
Pitanga, ameixa, cajá
Mari, roseta, aracá
Dendê, palmeira, açaí,
Do sertão jeremataia,
Guajiru, fruta da praia
Manipuça, murici.

Fruta de cipó do rio,
Oiti e mandacarú,
Ata, axichá, trapiá,
De viado e coassu
Camapum, batinga, ubaia,
E melancia da praia
Mapirunga e guabiraba
Murta, fruta de marfim,
Jatobá acho mais ruim
Do que pitomba e mangaba.

As frutas deste meu marco,
Crescem como eu nunca vi.
Conto de uma melancia,
Que por minha vez parti;
Juntei minha freguesia,
Para comer melancia:
Numa banda começaram.

Sessenta homens comeram,
Afinal esmoreceram
E a banda não acabaram.

Tem outras muitas frutinhas
Muito insignificantes
E muitas outras belezas
Muitas flores perfumantes
Tem muita feras medonhas
Que a cantador estranha
Sucuriú comedeira,
O cantor que se arrojar
Se afoitando subir lá
Nunca mais cai noutra asneira.

6
As feras e insetos

Tem onça suçuarana,
A tigre e a ganguçu
Massaroca verdadeira,
Pintada e maracajá-açu
Atraente puraqué,
Perigoso jacaré.
Bravo lobo comedor,
Que é um grande perigo
Porém é para castigo,
Martírio de cantador.

Tem a cobra de veado,
A terrível cascavel
A feroz surucucu
Mais venenosa e cruel,
Jibóia — enorme serpente
Daquela que atrai a gente,
Imensidade de cobra,
E tudo tem disciplina
Papa-ova é quem ensina,
Caninana faz manobra.

Cobra verde, e de cipó,
São as suas professoras
E a velha cobra preta,
É a grande diretora;
Corre-campo é aprendiz
Coral faz conta com giz,
Goipeba é mestra reja;
A cinzenta jararaca
Quando as presas ataca
Não fazendo morte, aleja
Tem insetos venenosos.

Que mata ou faz aflição
Como a tirana-bóia
Mangangá, cavalo do cão,
Maribondo de chapéu,
Cabatã que faz tendéu
Boca torta e enxuí,
Cabuçu com seu ferrão
Já vive de prontidão
Que abasta ver bulir.

Tem maribondo caboclo,
Daquele de cor vermelha
Que gosta de fazer casa,
Entre o caibro e a telha;
Muita casta de formiga
A tracuá, a tapiba,
Trassanga e caranguejeira
Desta preta miudinha
E daquela vermelhinha
Que morde e deixa a coceira.

Tem a formiga de roça
E tem o pium de rabo,
Tem tanta carapanã
Mosquito como o diabo,
Muita praga aborrecida
Que periga a nossa vida.
Deixo estou satisfeito;
Para ser mais favorável
Vou também tratar das aves
Que me dará mais proveito.

7

Aves e pássaros

Jaçanã marreca, pato.
Pecapara, mergulhão
Garça e galinha d'água
Coelheira maranhão
Patarrona, putrião
Socó-boi, tamatião.
Pomba, rola, juriti
Jandaia e maracanã
Periquitos e conhã
Sabiá e bentivi.

Asa branca e galega
Papa-arroz, carachué
Canário, galo de campina
Dorminhoco caboré
Coruja e mãe da lua
Bico de latão bonhé
Zabelê e sariema
Anum branco sanhaçu
A família de jacú
Sendo uns açu, outros pema.

Tem tetéu tem bacurau
Bico de latão, bonhé
Jacamin e picapau
Dorminhoco caboré
Xoxoró, papa-lagarta
E tem outros passarinhos
Que não conheço quem é
Tem ema, tem rouxinol
Patativa vai no rol
Muitos outros que se quer.

Tem ganso, cisne, mutum
Tem beija-flor e nambu
Papagaio e Alencor
Curió, e urutu;
Muitas aves de rapina
Voando de norte a sul;
Deixo de falar em outros
Que escapam a minha mente
É essa a descrição
Das aves aqui existente.

O saudoso uirapurú
Com seu cantar mavioso

Corrupião e graúna
Tem o seu trinar saudoso.
Aves de alta plumagem
Como o pavão vaidoso
Tem grande enxame de abelhas
Para outra ocasião;
Sendo parte do programa
Do marco de divisão.

Todos os erros que tem,
De plural no singular
É permitido aos poetas,
Para assim poder rimar;
Como bem: para é p'ra
E outras faltas que se dá,
Tem em toda poesia.
Mas são faltas perdoadas,
Para não ter trapalhadas
Na regra de cantoria.

Noite de Núpcias
Amor de Antonio e ingratidão de Carolina

1
Senhores queiram ouvir,
O amor que força tem.
E queiram observar,
A sorte de quem quer bem
O amor é como a morte
Que não reserva a ninguém.

Antonio e Carolina,
Ambos se queriam bem
Ambos eram moradores
No Arraial do Pecém;
Antonio amava a ela,
No mundo mais a ninguém.

Ele era pescador,
No posto em que habitava
Carolina era uma moça
Que sempre se respeitava;
Filha de uma viúva,
Era quem lhe amparava.

Quando Antonio ia ao mar,
Fazer uma pescaria
Nunca que um só momento
De Carolina esquecia.
Era seu sonho na noite,
E seus prazeres no dia.

Carolina amava Antonio,
Porém com pouca atenção;
Antonio amava a ela,
Nas fibras do coração.
Encravou no pensamento
Essa amorosa paixão.

Ela às vezes dizia
Que amava a Antonio
Outras vezes se mostrava
De um modo tão estranho.
Como se aquele amor
Fosse as idéias de um sonho.

Mas nem por isso Antonio
Em nada se alterava.
Se mostrando satisfeito
Porque muito lhe adorava
Quanto mais dias lhe vinham
Mais o amor aumentava.

Foram se passando tempo
E este amor aumentando
E ele a Carolina,
Gentilmente acarinhando
E a sua velha mãe
Cordialmente tratando.

Até que ele dispôs
Pedi-la em casamento
Porque no gozo da vida
Era este o seu intuito,
E Carolina aceitando
A mãe deu consentimento.

Ficaram assim tratados,
De Carolina dar a mão
De esposa a seu amado
Com toda satisfação;
Antonio aguardava o dia,
Desta sagrada união.

Antonio assim satisfeito
Tratando de seus labores
Vivendo da pescaria
Com os outros pescadores
E agradando a Carolina
Com as carícias de amores.

Mas o tempo se passando,
E o casamento parado.
Ele na fúria do amor,
Já se tornava vexado;
Porque não tem paciência
Quem tem amor agitado.

Mas a velha lhe pedia,
Que ele não se vexasse,
Porque a sua pobreza,
Permitia demorar-se.
Mas garantia com honra
Que Carolina casasse.

Carolina lhe dizia,
Que convinha demorar.
Dando espaço de tempo,
Para Antonio pensar.
No cargo que assumiria,
Depois não na maltratar.

Dizendo que alguns rapazes,
Faziam de moça-flor,
Que tirando seu perfume,
Desfrutando seu valor,
Faltavam no abandono,
Como causa inferior.

Mas Antonio protestava,
Que isso não lhe fazia.
Zelar um amor eterno,
Era o que lhe prometia;
Dando palavra sagrada
Por Deus do céu, garantia.

Carolina e Antonio,
Sempre assim conversando
Uma vez à tardezinha,
Pela praia passeando.
Carolina então lhe disse
Não sabe em que estou pensando.

Antonio lhe perguntou
O que ela desejava
Ela disse que ouvir
Como sereia cantava
E ver às terras estranhas,
Com quem às vezes sonhava.

Antonio lhe consolava,
Que tivesse esperança
Que ao depois de casados
Lhe ficaria em lembrança.
Que tudo durante a vida,
Querendo Deus se alcança.

Carolina se animava,
Com sua firme promessa
Embora muito distante,
Porém não havia pressa;
Porque a mais alta escada,
De um degrau se começa.

Sempre assim conversando,
Nesta doçura de amor
Ambos em plena harmonia.
Seus prazeres em rigor
Até o dia em que veio
Um barco que encalhou.

2
O barco tinha arruinado
Precisava de reparo
Encostou para concerto
Que lhe fosse necessário;
Procurando um mecânico,
Oferecendo salário.

Demoraram-se uns dias,
Procurando oficial.
Desembarcaram os marujos
Percorrendo o arraial;
Antonio disse consigo:
Terei agora um rival!

Pensando em Carolina,
No que ela lhe dizia
Sobre o canto da sereia,
Que muito lhe encantaria.
Também nas terras estranhas,
Com quem ela sonharia.

Cada vez os marinheiros
Mais nas casas se espalharam
Em toda aquela terra,
Só era com quem falavam
Pelo gasto do dinheiro,
E os presentes que davam.

Até que um belo dia!
Acertaram na casinha
Que morava Carolina,
Lhe achando engraçadinha;
Agradaram muito a velha,
Devido a filha que tinha.

E assim continuando,
Durante a noite e o dia.
A velha com Carolina
A esta gente acolhida;
O povo já censurava,
Porém nada se dizia.

Antonio indignado,
E a população inteira;
Mas não desgostando a velha,
Por ser boa mezinheira.
E das melhores famílias,
Era especial parteira.

Guardavam esse silêncio,
Deixando assim correr.
Até que o comandante,
Teve a bordo de saber;
Desembarcou para terra,
Para a Carolina ver.

Chegou na casa da velha,
Tratou-a com cortesia.
Declarando um parentesco,
Tratava por sua tia.
Carolina sua prima,
Veja que diplomacia!

Travaram conversação,
Valor seus antecedentes,
Desembrulhando o cordão
Até os seus descendentes;
Até que pôde incutir
Que eram mesmo parentes.

Continuando a amizade,
Com doce e meigo carinho
De Carolina o primo
E da velha seu sobrinho
Antonio já no desprezo
Como cravado de espinhos.

Um dia aparece Antonio,
Como era acostumado.
Não se mostrou Carolina
Como era no passado;
A velha bem diferente,
Não tendo o mesmo agrado.

Antonio se retirou,
Como que nada sabia.
Mostrando-se satisfeito,
Como que nada sentia;
Foi para o mar na jangada,
Fazer uma pescaria.

Chega o tal comandante,
Que as vinha convidar
Para passear no barco,
Que desejava mostrar.
Porém a velha negou-se,
Com medo de enjoar.

Mas Carolina animava,
Dizendo que aceitasse
Que a demora era pouca,
Talvez que não enjoasse.
Não tinha tempo de enjôo,
Se pouco se demorasse.

Ouvindo a Carolina,
A dita velha aceitou
Para ir ao tal passeio,
Que isto não demorou.
Saltaram em uma lancha,
Que junto ao barco encostou.

Quando na lancha passaram,
Viram Antonio pescando.
Vejam que golpe cruel,
Ele estava passando.
Vendo aquela sua noiva,
Já com outro namorando.

O comandante pergunta:
Quedê o peixe rapaz!
Antonio lhe respondeu
Que ele não fosse audaz.
Que se tivesse vergonha,
Não lha falaria mais.

O comandante alterou-se,
Se tornando coagido.
Querendo o atacar,
Para não ser atrevido.
Mas Carolina pediu,
Que não botasse sentido.

O comandante atendeu
De Carolina o pedido
Ela dizendo que Antonio
Há tempo tinha sofrido
Das faculdades mentais,
Que era seu conhecido.

O comandante atendia,
Com a maior atenção.
Tudo que a Carolina
Lhe mostrava pretensão.
Premeditando um crime,
Se sua audaz sedução.

Seguiram para o barco,
Verem a sua riqueza
Que o parente mostrava,
Na mais ampla gentileza,
Que a educação exige,
De nossa delicadeza.

Voltaram para a casinha,
Já Carolina encantada
De ver aquela beleza,
Pensou no conto da fada.
Também nas terra estranhas,
Estava impressionada.

Antonio na mesma tarde,
Para lá se dirigiu
Para pedir as desculpas
Da falta em que caiu;
Porque já tinha certeza
Que Carolina sentiu.

A velha foi quem saiu,
Disse: Antonio não seja assim,
Tão brusco e tão grosseiro
Maltrataste o meu sobrim,
O que fizeste com ele
Serviu de agravo pra mim

Eu não pensei que tu fosses,
Antonio tão ciumento
Maltratando meu sobrinho,
Com teu mau procedimento
Com palavra injuriosa,
Que me causou sentimento.

Antonio lhe respondeu
Carolina é causadora
De eu fazer violência
Com fúria devoradora.
Pela sua ingratidão,
Me tem sido traidora.

Carolina disse então
Que não seria culpada
De seus grandes desaforos
Com palavra arrebatada
Para maltratar seu primo,
Que não lhe ofendera em nada.

Antonio desapontou,
Naquela tremenda hora.
Dizendo: sou eu culpado
De dar desgosto à senhora
Despediu-se soluçando,
De tristeza, foi embora.

Ficando o comandante,
Na maldita amolação.
Iludindo a Carolina,
Com a sua sedução.
Com o fim de conduzi-la,
Naquela embarcação.

Carolina se negava,
Porque não podia ser;
Que ela o acompanhando,
Ficava a mãe pra norrer.
Ficando o infeliz Antonio,
Como vítima do sofrer.

Mas ele persuadindo,
De tudo a distraia;
Prometendo que à mãe dela
Mais nada lhe faltaria.
Aonde ele estivesse,
De lá tudo mandaria.

Mas Carolina exigia
Que com ela se casasse,
E a sua velha mãe,
Pedia que amparasse;
Que fazendo tudo isso,
Concordava que a levasse.

Ele sempre interrompendo,
Disse que assim não fazia.
Porque faltava papéis,
Que ninguém dispensaria.
Precisava demorar-se,
O que ele não podia.

Então para consolá-la,
Uma causa lhe afirmava;
Que chegando a sua terra,
Os seus papéis preparava.
Lhe fazendo firme jura,
Que com ela se casava.

E até que afinal,
Seu intuito triunfou;
Seduzindo a inocente,
Para o barco carregou.
Deixando a mãe, e Antonio,
No horrível dissabor.

No outro dia, o barco,
Daí desapareceu;
A velha pelo desgosto,
Um grande ataque lhe deu,
Que deste não voltou mais,
Infelizmente morreu.

3

Vamos agora narrar
A grande infelicidade
Do malfadado Antonio
Sofrendo a crueldade
De sua noiva querida
Que desprezou-lhe a amizade.

Antonio adoeceu,
Por oito dias prostrado;
Sem comer e sem beber
De uma febre atacado.
Delirando, sem sentido
Como um alienado.

Por mais que lhe consolassem,
Não lhe passava a amargura
De tamanha ingratidão,
Feita pela criatura
Que nunca supôs na vida
Que lhe desse desventura.

Seus colegas pescadores,
Vendo o seu isolamento,
Procuravam distraí-lo
Prometendo casamento,
Mas a não ser Carolina,
Não tinha contentamento.

Declarando que nascera
Para ser de Carolina.
Para isso lhe amava,
Desde ela pequenina.
Só revogava o preceito
A Providência Divina.

Se tornando penitente,
Sempre a Deus implorava
Pelo bem de Carolina,
A quem na vida amava.
E no túmulo da mãe dela,
Todos os dias rezava.

Quase todas as pessoas
Daquela povoação,
Passando no cemitério,
Prestavam toda atenção.
Vendo-o ajoelhado,
Rezando sua oração.

Antonio sobre seu leito
Não deixava de rezar.
Pensando em Carolina,
Desabrochava a chorar.
Rogando pela mãe dela,
Pedindo pra a perdoar.

De dia ia a praia,
Fitava os olhos no mar.
Com as mãos sobre a cabeça,
Desatava a chorar.
Gritando por Carolina,
Que nunca mais viu voltar.

Fazia exclamações
De homem desventurado,
Fitando os olhos no céu
Como que alucinado,
Pedindo a Jesus Cristo
Que lhe fizesse amparado.

E também por Carolina,
Fazia súplicas a Deus.
Pedindo que perdoasse
Todos os pecados seus.
Dizendo: Meu Deus, olhai
Para os sofrimentos meus!

Muitas vezes assim dizia:
Que dela não censurava.
Fizesse o que fizesse,
Durante a vida lhe amava.
Na mais tremenda miséria,
Voltando ele aceitava.

4

Voltemos a Carolina,
Fazer sua narração;
Daquela grande promessa
Do tempo da ilusão.
Quando seu primo levou-a,
Naquela embarcação.

Quando ele a seduzia,
Prometendo casamento.
Prometia muitas causas,
Para seu contentamento.
De levá-la para os bailes,
De melhor divertimento.

De levá-la aos teatros
De mais perfeita beleza.
De percorrer as cidades,
Que tivessem mais riqueza.
Ou mais primores de arte,
Ou mesmo da natureza.

Que cousa era teatro?
Carolina perguntava
Porque era muito ingênua,
De tudo ignorava,
Ele com todo exagero
Prontamente lhe explicava.

Teatro é grande casa
Com um salão importante
Todo ornado de flores
Daquelas bem perfumantes
Com exibição de artistas
Que nos torna delirantes.

Para ali se divertir,
Vão as famílias honrosas
Assistir o espetáculo.
Ouvir música maviosa,
Onde se canta e se dança,
É cousa maravilhosa!

Naquela casa só entra
A mais bela mocidade;
As ilustradas famílias
Da alta sociedade.
Para gozar as delícias
Daquela festividade.

Foi nesta fé Carolina,
Com o seu novo amante
Cofiando nas promessas
Daquele rico pedante;
Pensando que seu amor
Fosse leal e constante.

Passaram em Pernambuco,
Estiveram na Bahia.
Depois ao Rio de Janeiro,
Carolina com alegria.
Gozando e desfrutando,
Tudo o que ela queria.

Gozava pelos teatros
De melhor divertimento,
Carolina desejava
Adivinhar-lhe o pensamento,
Só não podia obter,
Deste primo, o casamento.

Quando mais calmos viviam,
Ela sempre lhe lembrava.
Mas ele se descartando,
Com promessa lhe enganava.
Como lhe agradava em tudo,
Afinal a consolava.

Do Rio depois voltaram,
Para o mesmo Ceará;
Ele alugou uma casa,
Para com ela morar.
Até que chegasse o dia,
Que se pudessem casar.

Passaram ali algum tempo,
Carolina consolada.
Na sua casa de luxo,
Onde não faltava nada.
Só lhe restando o desgosto,
De ainda não ser casada.

Mas vivendo o seu amante
Sempre no barco com viagem
Não podia residir
Sempre em uma só paragem
Só se estreitava a ela,
Alguma vez de passagem.

Até que um certo dia,
Ele muito demorava.
Quando mandou-lhe uma carta,
Dizendo que não voltava.
Dando-lhe assim a certeza,
De que a abandonava.

Ela lendo essa carta,
Deu-lhe um grande tremor
Nisto vê passar na rua
Um tal Joaquim, Pescador.
Que era seu conhecido,
E no Pecém, morador.

Quando ela viu Joaquim
Deu com a mão e chamou
Para então lhe perguntar
Pela mãe que lá deixou;
E se aquelas belas praias,
Tinham o mesmo primor!

Joaquim olha para ela
Friamente respondeu;
As praias estão assim...
Porém sua mãe morreu
Quando a senhora saiu,
De um ataque que deu.

Joaquim lhe disse mais,
Com seu desaparecimento
Antonio caiu doente,
Num horrível sofrimento
Ainda hoje delira
Consigo no pensamento.

Joaquim notou que ela
Estava contrariada.
Naquela casa de luxo,
E ricamente enfeitada
Como de uma pessoa
Que fosse muito abastada.

A tristeza era a carta,
Que já tinha recebido.
Do ferino abandono,
De quem lhe tinha iludido.
Com o que disse Joaquim
Fez o prazer concluído.

Joaquim se despediu,
Seguiu a sua viagem;
Ela entra para um quarto,
Pega-se com uma imagem,
Mas lhe faltava o sentido,
Num desespero selvagem.

Pegada com a imagem,
Para fazer oração.
Pedindo perdão a Deus,
Da terrível ingratidão.
Mas tudo era impossível,
Perdeu de todo a razão.

Nem sequer chorar podia,
Porque lágrima lhe faltava.
O seu grande infortúnio,
Todo a um tempo chegava.
Até na dívida de Antonio.
Ela já imaginava.

Guardando sua imagem,
Porque rezar não podia,
Chamou sua criada
E lhe disse que queria,
Um vestido prepara
Que nesta tarde saia.

Nisto lhe entra uma amiga,
Uma Esmeria de tal.
Carolina convidou-a,
Vamos para o carnaval
Que quero me divertir,
Hoje nesta capital.

Esmeria lhe respondeu
Não posso lhe acompanhar,
Não tenho vestido próprio,
Que possa me apresentar,
Disse ela tenho aqui,
Mandando logo aprontar.

Se aprontaram e saíram,
Procurando distração;
Num baile de carnaval,
Da melhor reunião.
Carolina não podia
Perder a perturbação.

Inquieta de espírito,
Por mais que ela dançasse,
Os remorsos perseguiam,
Por mais que ela saltasse,
Para ver se distraia,
Sem que nada minorasse.

5

Nesta noite se dispôs
Tomar a vida de orgia,
Porque o seu desespero
Só isso lhe permitia,
A sua inditosa sorte
Essa miséria exigia.

Estendeu-se sem escrúpulos,
Expôs-se à devassidão;
Diversos tempos passou
Sem passar por privação,
Gozando do mesmo luxo,
Na sua depravação.

Foi de novo para o Rio,
Nessa vida degradada.
Dar expansão ao vício,
De uma mulher desvairada.
Que durante a sua vida,
Só fez causa reprovada.

Então no Rio de Janeiro,
Desfrutou bastante a vida.
Mas o tempo se passando,
Foi chegando a decaída.
Perdendo a influência,
E a esperança perdida.

Foi lhe faltando o recurso,
Caindo na decadência.
Até que vendeu as jóias,
Pra sua subsistência.
Porque já via consigo
A mais completa indigência.

Deu então para beber
Vivendo na embriaguez,
Às vezes pela polícia
Recolhida no xadrez,
Toda tortura da vida
Lhe chegava de uma vez.

Só lhe faltava a doença
Porém essa não tardou,
Toda sorte de miséria
A um só tempo chegou,
Para não morrer no Rio
Para o Ceará voltou.

Chegando no Ceará,
Do belo Rio de Janeiro,
Foi morar numa casinha,
Para os lados do Outeiro,
Triste choupana de palha
Semelhante a um galinheiro.

Toda coberta de lepra
Num estado deplorável,
Merecia compaixão
Seu estado lamentável,
Que se podia dizer
Se ser o mais miserável.

Se achando neste estado,
Chamou os seus conhecidos
Que foram admiradores
Nos seus tempos divertidos,
Alguns que apareceram
Se mostraram aborrecidos.

Continuando a sofrer
No mais pesado desvario,
Faltando-lhe o remédio
E todo o mais necessário
No rigoroso flagelo
De seu estado precário

Tudo de mau lhe chegava,
Ficando assim convencida
Que sua grande miséria
Lhe fez desfavorecida,
O revés de sua sorte
Fez emergência na vida.

Quem sabia perguntava
Quem era aquela doente
Naquela pobre casinha
Aonde não vinha gente
Que usasse a caridade,
Com aquela padecente?

Quem sabia respondia;
Aquela é Carolina,
Que aqui há pouco tempo
Só cortava seda fina
Os que mais lhe adoravam,
São os que hoje a abomina.

Carolina no desprezo,
No seu padecer penoso,
Desgraçada, sem conforto,
De modo tão espantoso
Que nunca se viu em gente
Desprezo tão horroroso.

Sem achar uma pessoa
Que tivesse humanidade
De tratar aquela enferma
Por amor de caridade,
Era descompadecida
Até pela piedade.

Não teve uma criatura
De seu conhecimento
No tempo de sua infâmia
Que fizesse um tratamento
Nem sequer para olhar,
Seu doloroso tormento.

Mas Antonio adivinhou,
E partiu sem mais demora.
Pois desejava servi-la,
Mesmo na última hora.
Pois era conhecedor,
De toda a sua história.

Se arrumou e partiu,
Para aquela capital.
Para ver se Carolina
Tinha cura no seu mal,
Se não tivesse assistir
A sua hora final.

Quando ele foi entrando
Naquela dita cidade,
Ouviu o sino tocando
Sinal de fatalidade,
Era o padre reunindo
Do Santíssimo, a Irmandade.

Ia levar a sacramento,
Para uma confissão;
De uma pobre mulher,
Que na última aflição,
Pediu para que um padre
Lhe desse a absolvição.

Quando o padre entrou
Para aquela confissão,
Antonio entrou também,
Partido de compaixão;
Soltando um grande gemido,
Que despertou a atenção.

Carolina ergue os olhos,
Pois ainda o conheceu,
Teve um grande abalo,
Que toda se estremeceu
E o vigário notando,
Aquele amor conheceu.

Carolina então declara
Ao padre, na confissão,
Que todo aquele gemido
Nascido do coração
Ela era a causadora,
Com a sua ingratidão.

Aquele era meu noivo,
Desde minha mocidade.
E eu por causa de outro,
Fiz sua infelicidade
Deixando-o na loucura,
Com a minha falsidade.

Antonio presenciando,
Disse em voz perturbada
Mas nunca te censurei,
Nem te ofendi com nada.
Sempre pedindo a Deus,
Para seres perdoada.

Pediu então ao padre
Que o confessasse também.
Pra casar com Carolina,
Que foi o seu único bem;
Não morrer naquela vida
Censurada por ninguém.

O padre assim não podia,
Mas vendo aquela amizade,
Determinou-se a fazer
Garantindo a validade,
Patenteando o exemplo
Em toda aquela cidade.

Efetuou o casamento
Daquela grande paixão,
Carolina suspirava
De Antonio apertando a mão,
Lançando-lhe triste olhar
De comprimir coração.

Antonio compadecido
A sua esposa pegou
Colocando em seus braços,
Que quase nada durou,
Depois de seu casamento
Com meia hora expirou.

Antonio pegou o cadáver,
Colocou-a numa esteira
Passando de sentinela,
Velando-a a noite inteira
Juntinho de seu amor,
Sua esposa verdadeira.

Em constante adoração
A Carolina fitava,
Pegando nas mãos geladas,
De quando em vez apertava
Alisando-lhe os cabelos,
As suas faces beijava.

No outro dia bem cedo
Já cavava a sepultura
Pra sepultar sua esposa,
Com quem não teve aventura
Já que não pôde gozar
Na sua vida futura.

Porém tinha um prazer
Tão ardente, tão profundo,
De muita gente saber,
Logo no dia segundo;
Que ele tinha casado
Com quem amava no mundo.

Fim

Não é falso este romance
E uma verdade pura,
Carolina e Antonio
Os heróis desta aventura.

Morta a pobre Carolina,
Antonio ficou chorando;
Recordando o seu passado,
Tristemente a sua sina
Incontinente partiu,
Não mais se soube notícias
Sem dúvida que sucubiu.

Cantiga de Neco Martins

Com respeito à cantoria,
Mané Joaquim do Muquém
Faz galinha pisar milho
E pinto cessar xerém,
Mas nas unhas de seu Neco,
Nunca se arrumou bem,
Porque eu passo o cepilho,
Tiro-lhe as voltas que tem,
Fico sempre caçoando,
Olho não vejo ninguém.

Manuel Patichumim,
Zé Cajá do Bananal,
E o Pedro Simião,
Um cantor do Arraial,
Beira d'Água lá na Serra,
E Moreira do Sobral,
Que se julgam cantadores
De nunca encontrar igual,
Nunca puderam com Neco,
Morador em São Gonçalo.

E mesmo Antonio Silvino,
Jerônimo, e Pedro Ferreira,
São cantadores de fama,
De alegrar a brincadeira.
O Paulino Felisberto,
O Belino das Frexeiras,
Herculano de Messias,
E também Luís Pereira;
E também José Rufino,
Lexandre das Cabeceiras,
Todos têm entusiasmo
De não caírem na asneira;
Passarem decepções
Nas unhas do Oliveira.

Desafio de Neco Martins com Francisco Sales, um cego de Itapipoca

Neco
Francisco Sales, você
Há dias vive em função,
Querendo tomar terreno,
Aqui no meu quarteirão,
Sem ter pedido licença,
Você tomou esta audácia
Faltando com atenção.

Sales
Colega Neco Martins,
Faltou-me esta lembrança,
Que hoje peço desculpa,
Desta minha ignorança,
Que não tomou seu terreno,
Porém tenho confiança
Que agora eu lhe pedindo
Tudo o meu desejo alcança.

Neco
Pois sim, senhor, meu colega,
Está dada esta licença,
Tudo comigo se arranja,
Desde que haja prudência.
Também gosto de provar
A minha benevolência,
Mostrando a minha bondade
Que tem gratidão imensa.

Sales
Mas, o senhor Neco Martins,
Tenho tido informação,
Que o senhor é o dunga,
Aqui desta povoação,
Só vinha neste roteiro
Pedir-lhe uma lição,
Ou dar um quinau no mestre,
Como eu tenho tenção.

Neco
Sales, eu não sou o dunga,
Aqui desta povoação,
Já sabes que vens errado,
Com a tua informação,
Abasta que você saiba
Que não tenho profissão
Mas se quer se divertir
Está pronta a ocasião.

Sales
  Pois sim senhor, senhor Neco,
  Estou pronto a divertir,
  Pois a hora é competente.
  Hoje eu quero me medir,
  Pra ver qual é o maior,
  Pois é bom se decidir,
  Pois quero desempenhar-me
  No que tenho de cumprir.

Neco
  Meu Sales, eu tenho pena
  De seres um pobre cego.
  Não poderes enxergar
  O caminho que eu navego,
  Para melhor tu saberes
  Os destinos que alego,
  Que então tu já sabias
  De que jeito é que te pego.

Sales
  O senhor é tão sabido,
  Me destrinche esta conta:
  Vinte e cinco guardanapos
  Dois vinténs em cada ponta.

Neco

Sales, eu destrincharei,
Como bem me parecer,
Doze patacas e meia,
Quatro mil réis vem a ser.

Sales

É verdade, meu colega,
És um bom cantor ciente,
Mas olha que não te arrojes,
E depois não se arrebente,
E fazer um cego triste
Com isto ficar contente.

Neco

Sales, deixe de asneira,
Modere esta imprudência,
Pois eu sei que você
Pra mim não tem resistência,
Não se meta onde não cabe,
Tenha santa paciência,
Que não quero fazer coisas,
Que me doa a consciência.

Sales
Amigo Neco Martins,
Peço a vossa senhoria,
Que não maltrate um cego,
Que anda à custa de guia,
E anda despatriado,
Fora de sua família;
Não convém em terra alheia
Sofrer uma tirania,
Se com isto se zangar,
Fazer o que não queria.

Neco
Pois sim, senhor, meu ceguinho,
Faça lá sua vontade,
Não tenha dó do Martins,
Empurre rigoridade,
Pode matar seu desejo,
Não reparando bondade,
Que Neco Martins é feito
A lutar com crueldade,
E nunca pediu socorro
À sua rivalidade.

Sales
Nequinho, você bem sabe
Como é que os diabos tecem,
Uns de cima, outros de baixo,
Quando uns sobem, outros descem...
E bem sabe quem eu sou,
Que há bem tempos me conheces,
Deixe de entusiasmo,
Que hoje você padece.

Neco
E eu não tenho entusiasmo,
Nem dele quero saber,
Mas o seu palavreado
Não me faz estremecer;
Que um homem como eu,
Não é para esmorecer;
Ainda não vi de quê
Poder ficar convencido
Que não dou fé de você.

Sales
Deixe deste entusiasmo,
Neco, me trate melhor.
Que senão você, talvez,
Assim se dará pior,
Porque o Francisco Sales
De cantador não tem dó.

Neco
A ocasião é própria,
Ataque sem contrição,
Eu não lhe peço favor,
Hoje nesta ocasião,
Me acostumei com desgraça,
Não temo mais aflição,
Quanto mais ao pobre cego,
A quem não presto atenção.

Sales
Colega, não diga assim
Que pode ser castigado,
Porque eu não poupo couro
De cantor malcriado,
Quando estou no meu destino,
Sou rei dos cabras danados.

Neco
Cantador como você
Nem que venha de punhado,
Lá do meio dos infernos,
Fedendo a chifre queimado,
Hão de cair no chicote,
Do meu uso acostumado.

Sales
Cantador como você,
Na minha terra se chama:
Gafanhoto de jurema,
Borboleta de imburana,
Roubador de tempo alheio,
Empatador de semana.

Neco
Cantador como você,
Eu queria apanhar muitos:
Para botar no cemitério,
Pra fazer quarto aos defuntos,
Pra mandar ao inferno
Pra cão fazer adjunto.

Sales
Cantador como você,
Eu queria apanhar mais:
Pra mandar para o inferno,
De mimo pra satanás,
Que você junto com ele,
Quero ver o que é que faz.

Neco

Cantador como você,
Nem que venha de mão cheia.
Nem que venha do inferno,
Com trinta cão nas orelhas;
Nem que venha sapecado,
Fedendo a chifre de ovelha.
Eu podendo aperreá-lo,
Como mutuca vermelha,
Mostrarei Neco quem é,
Com suas tacadas feias.

Sales

Colega, Neco Martins,
Não maltrate tanto assim:
Veja que Francisco Sales,
Não é também dos mais ruim:
Que mereça receber
Estes rigores sem fim.

Neco

Pois então me trate sério,
Não me tome a pagode:
Se não eu faço tu ires,
De Pilatos, Herodes.
Faça-me logo homenagem,
Não se meta com quem pode.

Sales
Amigo Neco Martins,
Eu já estou convencido
Que com você não posso,
O caso está decidido.
Pois agora é que dei fé
Aonde eu estou metido,
No meio de um cipoal
E muito do bem tecido,
Que quero sair não posso,
E já me julgo perdido.

Neco
Pois então conheça mestre,
Chegue-se aí, dê razão:
Que na minha cantoria,
Aqui neste quarteirão,
Neco Martins é o chefe,
De toda repartição.
Quem quiser cantar aqui,
Pede a minha direção.

Sales
Pois sim senhor, seu Martins,
Agora já estou sujeito
Sempre à vossa direção,
Reconheço meu direito,
Me dispense só por hoje
Que eu já estou satisfeito.

Neco

Sim senhor, eu lhe dispenso,
E espero ser desculpado
Das falhas que cometi,
No meu cantar agitado,
Que prosa de cantador
Não faz ninguém agravado,
Quando precisar de mim,
Disponha de seu criado.

Neco Martins é cantor
Do norte, o mais pequinês.
Mas na sua cantoria,
Não declara estupidez:
Como alguns dos cantadores
Que já vi alguma vez.
Que diz palavra indecente,
Como pescoço em francês:
Que traduzindo é escândalo,
No costume português.

Referências Bibliográficas

Alencar, José de. *O nosso cancioneiro*. Campinas, Pontes, 1994.

Almeida, Átila & Alves Sobrinho, José. *Romanceiro popular do Nordeste — Marcos e vantagens 1*. Campina Grande, UFPb, 1981.

Almeida, Átila & Alves Sobrinho, José. *Dicionário bio-bibliográfico de repentistas e poetas de bancada*. João Pessoa, Editora da UFPb, 1982.

Alves, Joaquim. *História das secas*. Fortaleza, Edições do Instituto do Ceará, 1953.

Amâncio, Geraldo & Pereira, Wanderley. *De repente cantoria*. Fortaleza, LCR, 1995.

Aragão, R. Batista. *Cronologia dos municípios cearenses*. Fortaleza, Barraca do Escritor Cearense, 1996.

Attwater, Donald. *Dicionário de santos*. Lisboa, Publicações Europa-América, s.d.

Azevedo, Sânzio de. *A literatura cearense*. Fortaleza, Academia Cearense de Letras, 1976.

Barreto, Antonio Carlos. *O Dossiê do Fonseca*. Teresina, s.n., 1991.

Barroso, Gustavo. *Ao som da viola*. Rio de Janeiro, Livraria Editora Leite Ribeiro, 1921.

Carvalho, Rodrigues de. *Cancioneiro do Norte*. 3ª ed., Rio de Janeiro, MEC, 1967.

Cascudo, Luís da Câmara. *Vaqueiros e cantadores*. Belo Horizonte, Itatiaia, 1984.

————. *Antologia do folclore brasileiro*. Rio de Janeiro, Ediouro, 1959.

————————. *A Carnaúba*. 3ª ed., Mossoró, Fundação Vingt-Un Rosado, 1998.

Espírito Santo, Moisés. *A religião popular portuguesa*. Lisboa, Assírio e Alvim, 1990.

Girão, Raimundo. *Municípios do Ceará e seus distritos*. Fortaleza, SUDEC, 1983

Guimarães, Hugo Victor. *Deputados provinciais e estaduais do Ceará*. Fortaleza, Editora Jurídica, 1951.

Harvey, Paul. *Dicionário Oxford de literatura clássica grega e latina*. Rio de Janeiro, Jorge Zahar Editor, 1987.

Hobsbawm, E. J. *Bandidos*. Rio de Janeiro, Forense-Universitária, 1975.

Leite, Ana Cristina. *O algodão no Ceará*. Fortaleza, Secult, 1994.

Leite, José S. J. (org). *Santos de cada dia — I*. Braga, Editorial A. O., 1994.

Lemenhe, Maria Auxiliadora. *Fortaleza — As razões de uma cidade*. Fortaleza, Fundação Demócrito Rocha, 1993.

Linhares, Francisco & Batista, Otacílio. *Antologia ilustrada dos cantadores*. Fortaleza, Imprensa Universitária, 1976.

Macedo, Deoclécio Leite de. *Notariado cearense — História dos cartórios do Ceará IV*. Fortaleza, Expressão Gráfica, 1990.

Marino, João. *Iconografia de Nossa Senhora e dos Santos*. São Paulo, Banco Safra — Projeto Cultural, 1996.

Mota, Leonardo. *Cantadores*. Rio de Janeiro, Cátedra, 1978.

Nobre, Geraldo. *O processo de industrialização do Ceará*. Fortaleza, Senai/DR-CE, 1989.

Pires Ferreira, Jerusa. *Armadilhas da memória*. Salvador. Casa de Jorge Amado, 1993.

Porto Alegre, Maria Sylvia. "Vaqueiros, agricultores, artesãos: origens do trabalho livre no Ceará Colonial". *Revista de Ciências Sociais*, Fortaleza, v. 20/21. No 1/2, p. 1-29, 1989/1990.

Ramalho, Elba Braga. *Cantoria nordestina: Música e palavra.* São Paulo, Terceira Margem, 2000.

Sales, José Borges de. *Alagoa Nova.* Fortaleza, Tiprogresso, 1996.

Sardinha, José Alberto. *Viola campaniça — O outro Alentejo.* Vila Verde, Tradison, 2001.

Serraine, Florival. *Antologia cearense de folclore.* Fortaleza, Imprensa Universitária, 1968.

Sesmarias cearenses. Distribuição geográfica. Fortaleza, Departamento de Imprensa Oficial, 1971.

Studart, Barão de. *Diccionario bio-bibliographico cearense.* Volumes I, II e III. Fortaleza, Edições UFC, 1980 (edições fac-similadas).

Teófilo, Rodolfo. *A sedição do Juazeiro.* Fortaleza, Terra de Sol, 1969.

Terra, Ruth. *Memória de luta: A literatura de folhetos no Nordeste 1870/1930.* São Paulo, Global, 1982.

Uchoa, Waldery. *Anuário do Ceará 1955/1956.* Fortaleza, Editora A Fortaleza, 1956.

Wendy, Irmã. *Livro de santos.* Lisboa, Livaria Civilização Editora, 1999.

Zumthor, Paul. *A letra e a voz.* São Paulo, Cia das Letras, 1993.

————————. *Introdução à poesia oral.* São Paulo, Educ, 1997.

————————. *Tradição e esquecimento.* São Paulo, Hucitec, 1997.

Volumes já lançados da Biblioteca de cordel

Patativa do Assaré *por* Sylvie Debs
Cuíca de Santo Amaro *por* Mark Curran
Manoel Caboclo *por* Gilmar de Carvalho
Rodolfo Coelho Cavalcante *por* Eno Theodoro Wanke
Zé Vicente *por* Vicente Salles
João Martins de Athayde *por* Mário Souto Maior
Minelvino Francisco Silva *por* Edilene Matos
Expedito Sebastião da Silva *por* Martine Kunz
Severino José *por* Luiz de Assis Monteiro
Oliveira de Panelas *por* Maurice van Woensel
Zé Saldanha *por* Gutenberg Costa
Neco Martins *por* Gilmar de Carvalho
Raimundo Santa Helena *por* Braulio Tavares
Teo Azevedo *por* Sebastião Geraldo Breguez

Próximos lançamentos

João José da Silva *por* Roberto Benjamim
Franklin Maxado *por*Antônio Amaury C. de Araújo
Paulo Nunes Batista *por* Maria do Socorro G. Barbosa
Leandro Gomes de Barros *por* Joseph Luyten

Adverte-se aos curiosos que se imprimiu
esta obra nas oficinas da gráfica Vida &
Consciência limitada aos oito de janeiro do
ano de dois mil e quatro, composta em
walbaum de corpo onze ou doze, em papel
off-set noventa gramas, com tiragem de
um mil e oitocentos exemplares.